Prima mea

ENCICLOPEDIE CU ÎNTREBĂRI

Larousse

DE CE?

ILUSTRAŢII

Jacques **Azam**
Robert **Barborini**

Manu **Boisteau**
Vincent **Bourgeau**

Catherine **Chardonnay**
Nathalie **Choux**

Nathalie **Dieterlé**
Vincent **Desplanche**

Charles **Dutertre**
Olivier **Latyk**

Anaïs **Massini**
Clotide **Perrin**

Rémi **Saillard**
Mathieu **Sapin**

Fabienne **Teyssèdre**

Prima mea ENCICLOPEDIE CU ÎNTREBĂRI *Larousse*

DE CE?

LITERA
mică
București

CUPRINS

La început 6-9

Aşa e viaţa! 10-45

În natură 46-79

Animalele 80-125

Pământul în Univers 126-143

Și eu? 144-157

Pe vremea dinozaurilor

1

Oamenii preistorici vânau dinozauri?

➸ Dinozaurii au trăit acum mai bine de două sute de milioane de ani, cu mult, mult timp înainte de apariţia oamenilor! În perioada oamenilor preistorici, dinozaurii deja nu mai existau.

2

Dinozaurii erau feroce?

➸ Cunoaştem aproximativ 1 000 de specii de dinozauri, unii dintre ei erau vânători abili, cu dinţi la fel de ascuţiţi ca o lamă de cuţit, de exemplu, tiranozaurul. Dar dinozaurii cei mai mari erau erbivori paşnici: nu mâncau decât plante!

3

Care e cel mai mare dinozaur?

➽ Au existat dinozauri de toate mărimile: şi mici, şi mari. Deţinătorul tuturor recordurilor este seismozaurul, un dinozaur erbivor descoperit în Statele Unite. Acesta avea 40 de metri în lungime!

4

De ce au dispărut dinozaurii?

➽ Ştim că dinozaurii au dispărut acum 65 de milioane de ani. Dar cum? Nimeni n-ar putea să explice exact. Mulţi oameni de ştiinţă cred că este din cauza unui meteorit uriaş care a căzut pe Pământ. În schimb, toată lumea e absolut convinsă că singurii dinozauri care mai există astăzi sunt doar cei din filme!

Adevărat!
Acum aproape 300 de ani au fost descoperite primele urme ale existenţei dinozaurilor: mai întâi, un fragment de os, apoi câţiva dinţi imenşi. Un savant englez a fost cel care le-a dat o denumire acestor animale pe care nu le-a văzut nimeni niciodată. Dinozaur vine de la două cuvinte greceşti care înseamnă: şopârlă foarte mare.

Oamenii preistorici

5

Unde locuiau oamenii preistorici?

➽ Primii oameni preistorici au locuit în savana africană. Oamenii de Cro-Magnon au vânat mamuţi şi au trăit la intrarea în peşteri sau în corturi făcute din piei de animale. Se mutau adesea, mergând pe urmele turmelor de animale.

6

E adevărat că omul se trage din maimuţă?

➽ Credem că omul şi maimuţa au un strămoş comun. Dar oamenii se trag în mod direct dintr-o specie numită australopitec. Este prima specie care a mers în două picioare.

7

Oamenii preistorici semănau cu noi?

➽ Specia umană a evoluat de-a lungul timpului. Acum două milioane de ani, primii oameni erau foarte solizi. Aveau un creier mic şi un cap caraghios! În schimb, oamenii de Cro-Magnon, care au apărut mult mai târziu în Europa, semănau mult cu noi.

Şi ce făceau toată ziua?

➽ Hrana şi protecţia împotriva frigului necesitau mari eforturi din partea oamenilor de Cro-Magnon. Aceştia ciopleau silexul pentru a face arme şi unelte. Ştiau să facă focul, iar cu ajutorul lui preparau mâncarea, se încălzeau şi făceau lumină. Focul era util şi pentru alungarea animalelor sălbatice!

Desenau cu toţii prin peşteri?

➽ Oamenii de Cro-Magnon nu locuiau în peşteri, deoarece erau prea întunecate şi reci. Dar, în adâncul câtorva peşteri, adevăraţi artişti au făcut desene foarte frumoase.
Poate că aceste peşteri pictate erau un fel de temple pentru oamenii din această specie.

Adevărat!
Paleontologii sunt oamenii de ştiinţă care cercetează preistoria. An de an, ei fac săpături căutând dinţi, oase sau pietre cioplite. Şi ce chin să aranjezi totul cum trebuie!

LA ÎNCEPUT

De ce sucul
de lămâie
ne pișcă limba?

De ce
ne certăm?

De ce
ne cad
dinții
de lapte?

De ce
există
fete și băieți?

De ce
ne bronzăm
când stăm
la soare?

De ce ne cresc
mușchii atunci
când facem sport?

De ce
ne bate inima
când ne este frică?

Așa e viața!

Întrebările 10–87

Toţi la fel, fiecare diferit

10 **Ce este o fiinţă umană?**

➽ Toţi bărbaţii, femeile şi copiii de pe pământ sunt fiinţe umane. De asemenea, suntem mamifere, la fel ca toate celelalte animale care îşi alăptează puii. Dar suntem singurele mamifere care merg în două picioare, singurele care ştiu să vorbească, să râdă şi să gândească.

11 **Din ce suntem făcuţi?**

➽ Corpul nostru este alcătuit din miliarde de celule. Celulele sunt atât de mici, încât nu le putem vedea decât la microscop. Fiecare parte a corpului (oasele, sângele, pielea, creierul etc.) are celulele sale, care se reînnoiesc tot timpul.

De ce nu suntem toţi la fel? 12

➽ Toate fiinţele umane seamănă şi, în acelaşi timp, sunt diferite. Mare, mic, gras, slab, blond sau brunet, fiecare este un amestec unic, creat de părinţii săi. Iar apoi, pe măsură ce creştem, fiecare se schimbă în felul său.

De ce există fete şi băieţi? 13

➽ Încă de la început, din burta mamei, se stabileşte dacă bebeluşul va fi băiat sau fată. Fetele şi băieţii au un corp care seamănă mult, dar nu au acelaşi sex. Pe măsură ce cresc, devin bărbaţi şi femei şi, împreună, pot face copii.

Adevărat!
În lume sunt peste şapte miliarde de oameni. Sunt puţin mai multe femei decât bărbaţi. Ţările cele mai populate sunt China şi India.

Oasele şi scheletul

14 **Oare toate oasele au aceeaşi formă?**

➽ Oasele din corp au forme şi mărimi diferite. Sunt oase lungi, cum este humerus, osul braţului. Altele sunt scurte, de pildă vertebrele, iar altele sunt plate, de exemplu oasele capului. Toate la un loc alcătuiesc scheletul.

15 

În interior, osul e plin sau gol?

➽ Un os seamănă cu un tub foarte dur. În interior se găseşte o materie vâscoasă, măduva osoasă.

16 **Oasele cresc şi ele?**

➽ La naştere, nu sunt complet formate toate oasele. Ele conţin o materie moale, cartilajul, care se va transforma încetul cu încetul într-un os tare. Întărindu-se, cartilajele ajută oasele să crească. Creşterea încetează în jurul vârstei de 20 de ani.

17

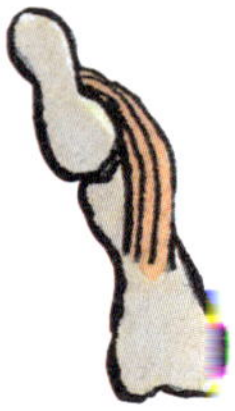

Cum se leagă oasele unele de altele?

➽ Oasele se leagă unele de altele prin ligamente. Acestea sunt un fel de benzi foarte groase, pe care le avem la toate articulaţiile, adică în locurile unde corpul, braţele sau picioarele se îndoaie.

18

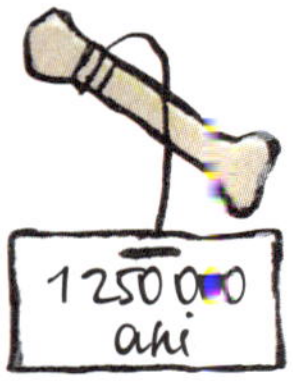

De ce oasele nu dispar după moarte?

➽ Partea tare a osului conţine calciu. Acesta este un material foarte solid. După moarte, oasele pot deveni tari ca piatra, rezistând foarte mult timp.

Adevărat!
Avem peste 200 de oase în corp. Jumătate dintre ele sunt la mâini şi la picioare! Cel mai mare os este femurul, osul coapsei, iar cel mai mic este scăriţa, un os care se găseşte adânc în ureche.

Muşchii

19 

Mai avem muşchi şi în alte părţi în afară de mâini şi picioare?

➽ Muşchii de la mâini şi de la picioare sunt cei mai cunoscuţi. Dar avem muşchi peste tot în corp! Mari, precum cei de la burtă: muşchii abdominali. Şi mici, cum sunt muşchii care ne ajută să închidem ochii. Să nu uităm nici de muşchiul care lucrează fără pauză: inima!

20 

La ce ne ajută să avem muşchi?

➽ Datorită muşchilor ne putem mişca! Când vrem să luăm un obiect de pe masă, creierul dă muşchilor o comandă şi, iată, braţul se întinde. Mai sunt şi muşchi cărora nu le putem comanda: inima, muşchii intestinali sau cei ai vaselor de sânge.

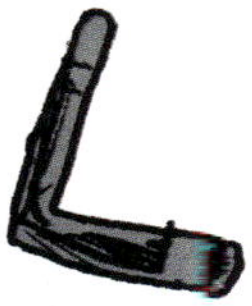

De ce se umflă bicepsul când îndoim braţul?

➽ Când ţinem braţul întins, bicepsul are o formă alungită. Este relaxat. Ca să îndoim braţul, bicepsul se scurtează şi trage de os. Se contractă, şi asta îl face să se umfle. Chiar dacă noi nu vedem, la fiecare mişcare, un muşchi se contractă, iar altul se relaxează.

21

De ce ne cresc muşchii atunci când facem sport?

➽ Când exersăm în mod regulat un muşchi, acesta creşte. Este motivul pentru care marii jucători de tenis au muşchi... la un singur braţ! În schimb, când avem un ghips şi stăm multă vreme fără să mişcăm un anumit muşchi, acesta se micşorează.

22

Adevărat!
În corpul uman sunt peste 600 de muşchi. Limba conţine 17 muşchi. Iar când ne strâmbăm, punem la treabă 50 de muşchi!

Inima, sângele şi plămânii

23 De ce ne bate inima când ne este frică?

Inima bate tot timpul, dar o simţim mai bine când bate mai repede şi mai tare. Când ne este frică, tot corpul se pregăteşte ca să putem fugi, alergând foarte repede. Este motivul pentru care inima bate mai repede.

24 De ce ne curge sânge când ne lovim?

Sângele circulă în tot corpul prin nişte conducte mai mari sau mai mici: artere, vene şi capilare. Capilarele sunt conducte foarte subţiri prin care oxigenul din sânge ajunge în fiecare celulă a corpului. Când ne julim, începe să curgă sângele din micile capilare ale pielii.

De ce ni se umflă pieptul când respirăm adânc?

25

➽ Cu fiecare inspiraţie, diafragma, care este muşchiul respiraţiei, coboară, se reapropie coastele, iar aerul intră şi umple plămânii. Când dăm aerul afară, diafragma se ridică, coastele se reapropie şi aerul iese din plămâni. Când respirăm uşor, acest lucru nu se vede aproape deloc, dar când respirăm adânc, vedem cum se umflă pieptul.

Când nu mai respirăm înseamnă că am murit?

26

➽ Ca să poată trăi, corpul nostru are în permanenţă nevoie de oxigenul primit prin respiraţie. Dacă îţi ţii respiraţia foarte mult timp ţi se face rău şi rişti să leşini, până când respiraţia revine la normal.

Adevărat!
Inima unui copil bate mai repede decât cea a unui adult. În stare de repaus, inima unui adult bate de 70 de ori pe minut. Cea a unui copil, între 90 şi 120 de ori pe minut.

Pielea şi părul de pe corp

27 

De ce ne bronzăm când stăm la soare?

➽ Pielea este foarte sensibilă la anumite raze ale soarelui, ultravioletele. Pentru a se proteja, pielea secretă o substanţă închisă la culoare, melanina. Când stăm la soare, e secretată mai multă melanină şi astfel ne bronzăm. Dar nu trebuie să uităm de crema de protecţie solară!

28 

De ce trebuie să ne tăiem unghiile cu regularitate?

➽ Unghiile sunt ghearele oamenilor. Ele ne protejează degetele de la mâini şi de la picioare. Asemenea părului, unghiile cresc tot timpul şi de aceea trebuie tăiate cu regularitate. Când sunt prea lungi se rup, iar mizeria se adună sub ele.

29 

De ce nu avem cu toţii aceeaşi culoare a pielii?

➽ Cei care locuiesc în zone foarte însorite au pielea închisă la culoare. Pielea lor conţine multă melanină care îi protejează mai bine de soare.

Cei care locuiesc în zone mai puţin însorite au pielea deschisă la culoare.

La ce ne ajută părul pe corp?

30

➽ Părul de pe corp împiedică praful să ne intre în ochi, în nas, în urechi şi în gură. Când ne e frig, se ridică şi ni se face pielea de găină. Părul protejează capul de şocuri şi de razele soarelui.

Dacă nu ne-am tunde niciodată, ne-ar creşte părul până la pământ?

➽ Avem în jur de 100 000 de fire de păr pe cap. Părul creşte cu circa 2 milimetri pe săptămână şi fiecare fir este înlocuit la 2-4 ani. Părul lung ajunge rareori să depăşească un metru.

Adevărat!
Fiecare persoană are amprente digitale unice, care rămân neschimbate toată viaţa. Multă vreme, amprentele au ajutat la identificarea oamenilor.

31

În gură

32

Câţi dinţi avem?

➻ Copiii au în total numai 20 de dinţi: 8 incisivi, 4 canini şi 8 măsele. Sunt dinţii de lapte, acei dinţişori pe măsura gurii copilului. Adulţii au 28 de dinţi, plus 4 măsele de minte.

33

De ce dinţii noştri nu au toţi aceeaşi formă?

➻ Dinţii din faţă sunt pentru secţionarea alimentelor. Sunt plaţi şi tăioşi. Caninii sfâşie carnea. Sunt foarte ascuţiţi. Măselele sunt mari şi late, şi ajută la mestecarea alimentelor.

De ce unii oameni poartă aparat dentar?

34

➽ Uneori se întâmplă ca dinţii să nu crească drept. Pot să crească prea în faţă sau prea depărtaţi, ori pot să crească unii peste alţii. Pentru a-i îndrepta, trebuie să purtăm un aparat dentar sau inele ortodontice.

La ce ne ajută saliva?

35

➽ Saliva este importantă pentru că omoară microbii şi păstrează umiditatea gurii. Când mâncăm, saliva înmoaie alimentele şi iniţiază procesul de digestie. Asta uşurează treaba stomacului!

De ce sucul de lămâie ne pişcă limba?

36

➽ Dacă privim limba de aproape, putem vedea mici proeminenţe: papilele gustative. Ele ne transmit gustul alimentelor: dulce, sărat, acru, amar. Aciditatea lămâii e depistată de papilele de pe marginile limbii şi fiindcă lămâia este foarte acidă, ne pişcă!

Adevărat!
Măselele de minte ies mai târziu, pe la 18 ani, sau nu mai ies deloc! Anumite persoane nu au măsele de minte sau au doar mugurii care nu străpung niciodată gingia.

Ochii, nasul și urechile

37

De ce nu vedem în întuneric?

➽ Ca să putem vedea, e nevoie ca pupila, acel mic orificiu din mijlocul ochiului, să lase să pătrundă lumina. Când e întuneric pupila se dilată pentru a capta cât mai multă lumină. Dar dacă este prea întuneric, nu mai vedem nimic.

38

De ce clipim des când e prea multă lumină?

➽ Dacă ne uităm spre o sursă de lumină prea puternică, așa cum este soarele, poate fi periculos pentru ochi. Ca să ne protejeze vederea, pupila devine foarte mică. Iar dacă lumina este într-adevăr prea puternică, ochii se închid automat.

39

Cum reușim să simțim mirosul?

➽ Nasul are celule care depistează mirosurile ce plutesc prin aer. Apoi creierul decide dacă acestea sunt plăcute sau nu.

Nasul ne mai ajută și să percepem gustul alimentelor pe care le mâncăm. Când suntem răciți, alimentele nu au niciun gust.

De ce ne curge nasul când suntem răciţi?

40

➽ Când suntem răciţi microbii se înmulţesc în interiorul nasului. Mucusul care se scurge face să iasă şi microbii. Iar dacă vrei să ajuţi organismul, trebuie să-ţi sufli bine nasul!

Ce se găseşte adânc în ureche?

41

➽ Un canal care duce la timpan. Timpanul este o membrană care vibrează asemenea unei tobe la fiecare sunet. Uneori, când ne scufundăm capul în apă, îl putem simţi. Şi, la adăpost în spatele timpanului, se găseşte urechea internă cu ajutorul căreia auzim sunetele. Ea are rol şi în echilibru.

Adevărat!
Sunetele prea puternice pot să ne afecteze grav urechea internă. Dacă ascultăm la căşti cu volumul dat prea tare riscăm să surzim.

Naşterea

42 **Unde stăm înainte să ne naştem?**

➽ Pentru a face un copil e nevoie de o mămică şi un tătic care să se iubească. Micile celule dătătoare de viaţă ale tatălui se numesc spermatozoizi. Celula mamei se cheamă ovul. Când cele două celule se întâlnesc se formează o celulă-ou micuţă, sau zigot, care creşte în burta mamei şi devine un bebeluş.

43

De unde ştie o femeie că aşteaptă un copil?

➽ Sunt mai multe semne care îi pot indica unei femei că este însărcinată. Sânii i se măresc, are greţuri şi se simte obosită. Dar ca să fie sigură că aşteaptă un copil trebuie să facă un test de sarcină.

44

De unde ştim dacă e băiat sau fată?

➽ În timpul sarcinii, mămica trebuie să facă regulat analize pentru a verifica dacă bebeluşul e bine. Ecografia permite vizualizarea bebeluşului în burta mamei şi aflarea sexului său.

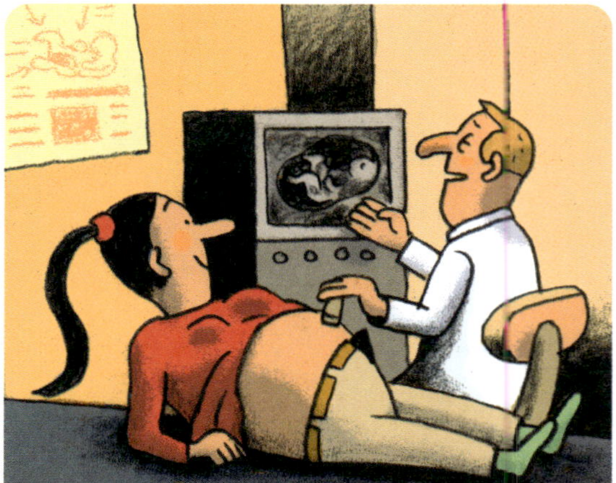

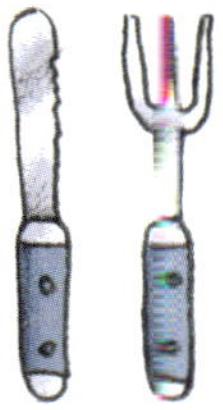

Ce mănâncă bebelușul în burta mamei?

➽ Sângele mamei îi aduce bebelușului tot ce are nevoie ca să creas-că mare. Bebelușul nu mănâncă la fel ca noi, cu gura. Hrana sa trece prin cordonul care îl leagă de mama lui. După naște-re cordonul este tăiat. Cicatricea care rămâne este buricul.

45

Cum reușesc bebelușii să iasă din burta mamei?

➽ La finalul celor nouă luni bebelușul e pregătit să se nască. Pe locuri, fiți gata, start! Cu capul în jos, coboară din pântecul mamei cu ajutorul unor contracții puternice. Iese la lumină prin sexul mamei, respiră pentru prima dată... și scoate primul său țipăt.

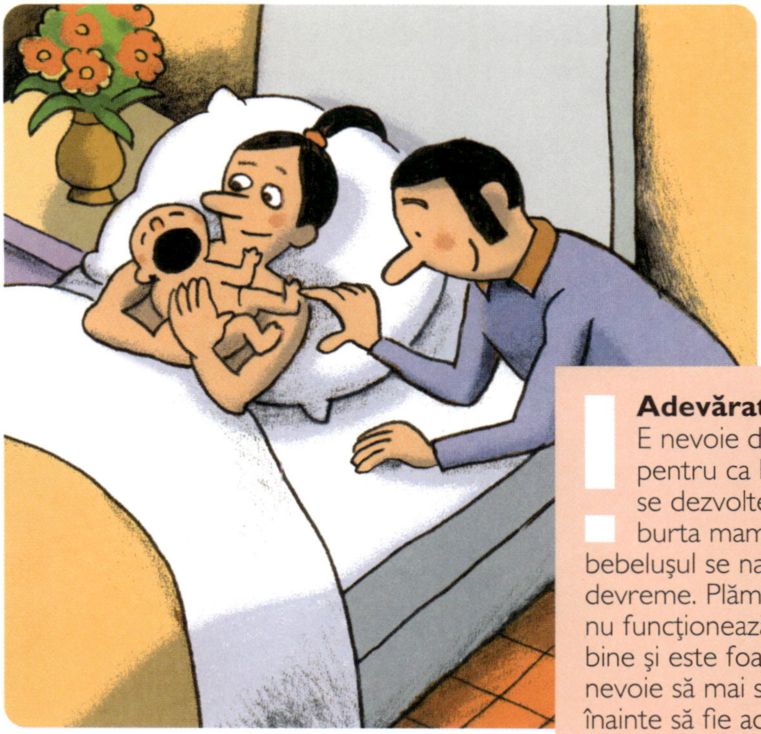

46

Adevărat!
E nevoie de timp pentru ca bebelușul să se dezvolte complet în burta mamei sale. Uneori, bebelușul se naște prea devreme. Plămânii săi încă nu funcționează suficient de bine și este foarte fragil. Are nevoie să mai stea în spital înainte să fie adus acasă.

Bebeluşii

47

De ce bebeluşii dorm toată ziua?

➽ Bebeluşii au nevoie să doarmă de două ori mai mult decât tine. Corpul lor nu rămâne inactiv în timpul somnului, ci creşte. Şi-apoi, cu toate acele lucruri noi pe care le au de descoperit, devine obositor!

48

De ce nu beau decât lapte?

➽ La naştere, bebeluşii nu au încă dinţi şi stomacul lor nu poate digera decât laptele. De aceea sunt alăptaţi de mamele lor sau hrăniţi de părinţi prin biberoane ce conţin un lapte special.

49

De ce plâng atât de des?

➽ Nu e uşor să te faci înţeles când încă nu vorbeşti!

Prin plânsul lor, bebeluşii le comunică diverse persoanelor care se ocupă de ei. Plâng pentru a spune că le e somn, că vor să fie alintaţi sau că le e foame.

50

De ce poartă scutece?

➸ Când îţi vine să faci pipi sau caca, creierul tău transmite un semnal către sfinctere, acei muşchi mici care te ajută să te ţii până când ajungi la toaletă. Creierul bebeluşilor nu este suficient de dezvoltat pentru controlul sfincterelor: ei fac pipi şi caca în scutec.

51

De ce nu ştiu să facă nimic?

➸ Bebeluşii sunt prea mici ca să facă tot ce reuşesc să facă fraţii şi surorile lor. Dar dacă îi observăm cu atenţie, vedem că învaţă repede! Pe măsură ce cresc, se uită în jurul lor, răspund la zâmbete, apoi gânguresc şi pun mâna pe obiecte.

Adevărat!
De cele mai multe ori o femeie este însărcinată cu un singur copil. Dar se întâmplă ca în micul zigot iniţial să existe doi bebeluşi, care sunt gemeni. Foarte rar, pot să fie trei, patru, cinci sau chiar şase!

În creştere

52 

De ce ne cad dinţii de lapte?

➽ Încă de la naştere, mugurii dinţilor de lapte şi ai dinţilor definitivi stau ascunşi în gingie. Dinţii de lapte ies începând cu vârsta de 6 luni şi până la 2 ani. Pe la vârsta de 6 ani se dezvoltă mugurii dinţilor definitivi, iar dinţii de lapte cad pentru a le face loc celorlalţi.

53 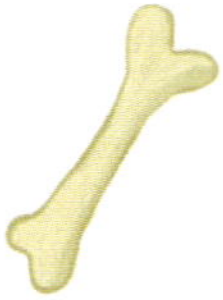

Până la ce vârstă creştem?

➽ Creşterea oaselor începe la naştere şi se încheie pe la 20 de ani. Dar scheletul nu este singurul care se modifică... În adolescenţă întregul corp se transformă, odată cu pubertatea. La maturitate corpul nu mai creşte.

Când încep să crească sânii fetelor?

54

➽ Începând cu vârsta de 10-12 ani, corpul fetelor se transformă pentru a deveni un corp de femeie. Le cresc sânii ca să-şi poată alăpta bebeluşul când vor deveni mame. Le creşte păr în anumite zone. Este ceea ce se cheamă pubertate.

La băieţi ce anume se schimbă?

55

➽ Pe la vârsta de 13-14 ani, băieţilor li se dezvoltă musculatura gâtului şi a gurii şi apare mărul lui Adam. Asta duce la schimbarea vocii, care devine mai groasă. De asemenea, băieţilor le dau tuleiele în barbă şi le creşte păr aproape pe tot corpul.

Adevărat!
Pubertatea durează mai mulţi ani. Transformările nu sunt exclusiv fizice. Se schimbă şi caracterul. Adolescenţii se simt altfel, nu se mai înţeleg foarte bine cu părinţii lor, îşi fac alţi prieteni...

Și apoi...

56

Cum îmbătrânim?

➽ Îmbătrânim pe parcursul întregii vieţi. Chiar dacă nu eşti bătrân, eşti mai în vârstă decât un nou-născut. Nu se poate spune că bătrâneţea începe într-un anumit moment. De la o anumită vârstă, corpul nu mai are capacitatea de a face copii. Apoi, încetul cu încetul, corpul devine mai fragil.

58

Putem să împiedicăm îmbătrânirea?

➽ Nu, nu putem împiedica organismul să îmbătrânească. Dar având grijă de el pe parcursul întregii vieţi ne menţinem sănătatea pentru mai mult timp. Însă putem să ne vopsim părul cărunt sau chiar să scăpăm de riduri.

57

De ce mor oamenii?

➽ Îmbătrânind, organele nu mai funcţionează la fel de bine. Corpul este obosit şi se apără mai greu împotriva bolilor. Adesea, la sfârşitul vieţii, inima încetează să mai bată sau creierul încetează să mai funcţioneze.

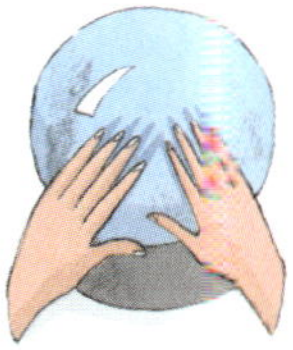

59

Ştim când vom muri?

➽ Uneori, persoanele în vârstă sau bolnave suferă mult şi nu mai vor să continue să trăiască. Unele se simt atât de obosite, încât au impresia că vor muri în scurt timp.

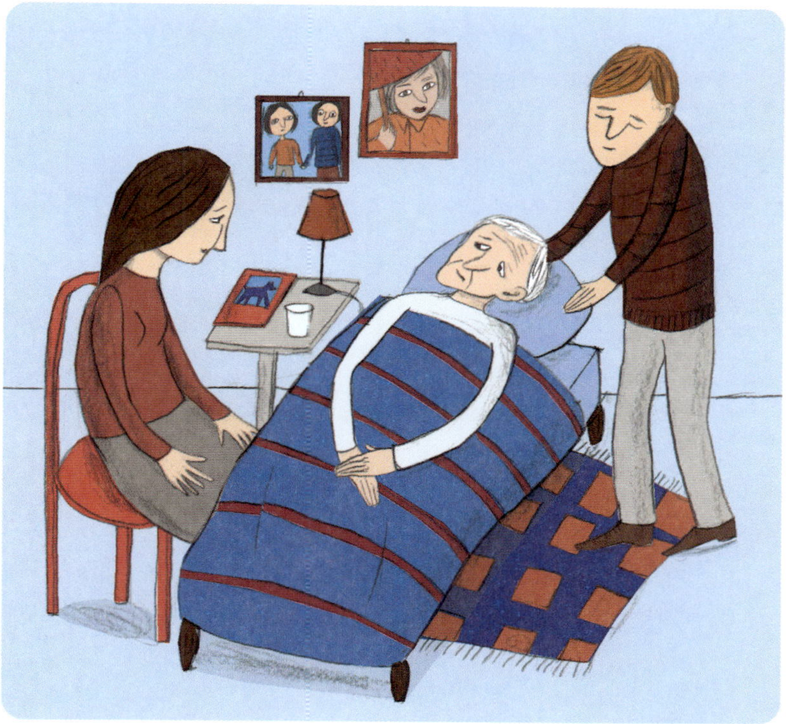

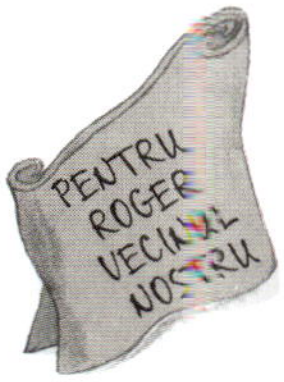

60

Ce se întâmplă după ce murim?

➽ Când o persoană încetează din viaţă, corpul său este aşezat într-un sicriu şi îngropat în cimitir. Nimeni nu ştie ce simte persoana care moare. Unii cred că se va înălţa la ceruri, alţii cred că nu se mai întâmplă nimic.

Adevărat!
Persoana care a trăit cel mai mult este o franţuzoaică. Ea a murit la 122 de ani.

Toate bune şi... curate

61

De ce trebuie să ne spălăm?

➽ Minusculi şi invizibili, anumiţi microbi pot să ne îmbolnăvească. Le place murdăria, dar detestă săpunul. De aceea trebuie să ne spălăm în fiecare zi şi să rămânem sănătoşi! Ca să scăpăm de microbi, la fel de regulat trebuie să spălăm şi aşternuturile, să dăm cu aspiratorul şi cu mopul prin casă.

62

De ce trebuie să ne spălăm pe dinţi după masă?

➽ Când mâncăm, bucăţele foarte mici de mâncare rămân ascunse între dinţi, devenind un adevărat festin pentru anumiţi microbi – bacteriile – care se înmulţesc foarte repede! Când nu ne spălăm pe dinţi, aceştia se acoperă de bacterii care îi sapă, făcând carii.

De ce trebuie să ne spălăm pe mâini după ce mergem la toaletă?

63

➽ În intestinele noastre trăiesc numeroase bacterii care ies când mergem la toaletă şi facem caca. În burtă nu pun probleme, dar pot să fie periculoase pentru alte părţi ale corpului. De aceea trebuie să ne spălăm bine pe mâini după ce ne-am şters la fund.

De ce miros urât picioarele în adidaşi?

64

➽ Când mergem sau când ne e cald, picioarele transpiră. Dacă avem o încălţăminte care nu se poate aerisi sau stăm încălţaţi prea mult timp, transpiraţia nu se poate evapora şi începe să miroasă urât.

Adevărat!
Acum 200 de ani mulţi oameni nu se spălau aproape deloc, căci credeau că murdăria îi protejează împotriva bolilor. Acum 100 de ani oamenii făceau o singură baie pe săptămână. În celelalte zile se spălau doar cu puţină apă pe faţă.

Ce mâncăm?

65 **Dacă nu mai mâncăm şi nu mai bem nimic, murim?**

➽ Mai întâi ne simţim foarte obosiţi, apoi e posibil să murim. Dacă nu bem apă des, corpul nu mai poate funcţiona. Dar are nevoie şi de hrană. Alimentele ne dau energie şi ne ajută să trăim, să creştem.

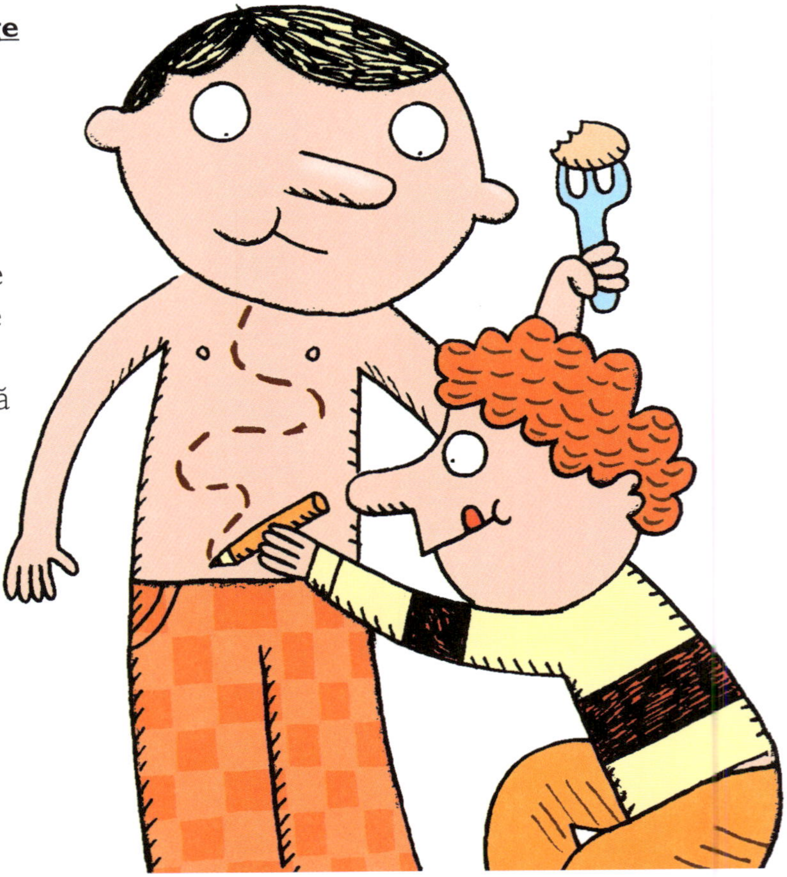

66 **Unde ajunge mâncarea după ce o înghiţim?**

➽ În gură alimentele sunt mestecate. Apoi ele coboară în stomac, unde sunt transformate într-o pastă foarte fină. Această pastă ajunge în intestin, iar substanţele benefice pentru sănătatea noastră ajung în sânge ca să fie distribuite în tot corpul. Resturile ajung în intestinul gros şi ies prin anus când facem caca.

De ce ne chiorăie maţele când ne este foame?

➽ Stomacul şi intestinele au muşchi care ajută la digestia alimentelor. Între două mese, avem în burtă aer şi lichid. Când ne este foame muşchii se contractă mai tare şi, gâl-gâl, fac să se agite aerul şi lichidul.

67

De ce nu putem mânca numai ce ne place?

➽ Ca să fim în formă avem nevoie de o alimentaţie variată, bazată pe carbohidraţi, proteine, grăsimi, precum şi vitamine. În legume şi fructe sunt foarte multe vitamine. Iată de ce e important să le mâncăm!

68

Adevărat!
Digestia este un proces lent. Alimentele rămân în tubul digestiv între 20 şi 30 de ore: câteva secunde în gură, câteva ore în stomac şi în intestinul subţire, şi circa 18 ore în intestinul gros.

Mici neplăceri

69

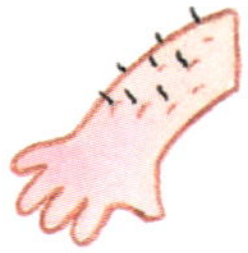

De ce, când ne e frig, ni se face pielea de găină?

➽ Când îţi este frig îţi clănţănesc dinţii, ai frisoane şi ţi se face pielea de găină... Sunt reflexe care te ajută să te încălzeşti. Pielea de găină închide porii ca să împiedice pierderile de căldură.

71

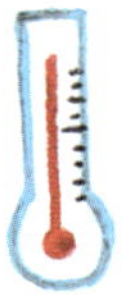

Şi de ce transpirăm când e cald?

➽ Ca să facă faţă căldurii, corpul transpiră şi secretă sudoare:

o apă uşor sărată care, prin evaporare, răcoreşte pielea.

70

De ce, fără să vrem, râgâim sau tragem pârţuri?

➽ Dacă mâncăm prea repede, aerul din stomac iese uneori prin gură. Când iese, face un sunet, atunci râgâim. Când în intestine se adună prea multe gaze, acestea ies sub formă de pârţuri care de multe ori miros urât!

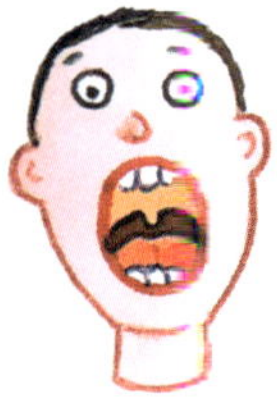

De ce sughiţăm? 72

➽ Adesea, sughiţăm pentru că am mâncat prea mult sau prea repede. Hâc, hâc, diafragma – muşchiul cel mare situat sub plămâni – se contractă brusc în timpul inspiraţiei. Aerul blocat violent face acel sunet în gât. Hâc, hâc!

De ce trebuie să dormim chiar şi când nu avem chef? 73

➽ Somnul este indispensabil sănătăţii. Este momentul când ne refacem după oboseala de peste zi. Când dormim, nu înseamnă că nu facem nimic! Inima bate, respirăm, digerăm, visăm. Iar în timpul somnului corpul creşte cel mai mult.

Adevărat!
Somnul este mai întâi uşor şi te poţi trezi la cel mai mic zgomot. Apoi intri într-un somn profund. Corpul este complet imobil. Apoi, timp de câteva minute, visezi. Mâinile se agită, ochii se mişcă, zâmbeşti. Aceste trei faze se succed de mai multe ori pe parcursul nopţii.

Mici neplăceri

De ce ne doare într-o parte după ce am alergat mult?

74

➽ Când facem un efort mare corpul are nevoie de multă energie. Inima şi respiraţia se accelerează. Dar când efortul este brusc sau nu avem antrenament, diafragma, muşchiul respiraţiei, nu mai poate ţine pasul. Au, ne doare într-o parte!

75

De ce facem cucui când ne lovim tare la cap?

➽ În clipa în care ne lovim, micile vase de sânge de sub piele se sparg. Dacă te loveşti la cap, locul se umflă şi faci cucui. Dacă te loveşti în alte părţi, apare şi acolo o umflătură, dar se vede mai puţin... în schimb, rişti să faci o vânătaie!

76

De ce ciupiturile de țânțari mănâncă?

➽ Când ne ciupește, țânțarul ne injectează în piele saliva sa pentru ca sângele nostru să nu se coaguleze. De la saliva de țânțar pielea ni se umflă și ne mănâncă...

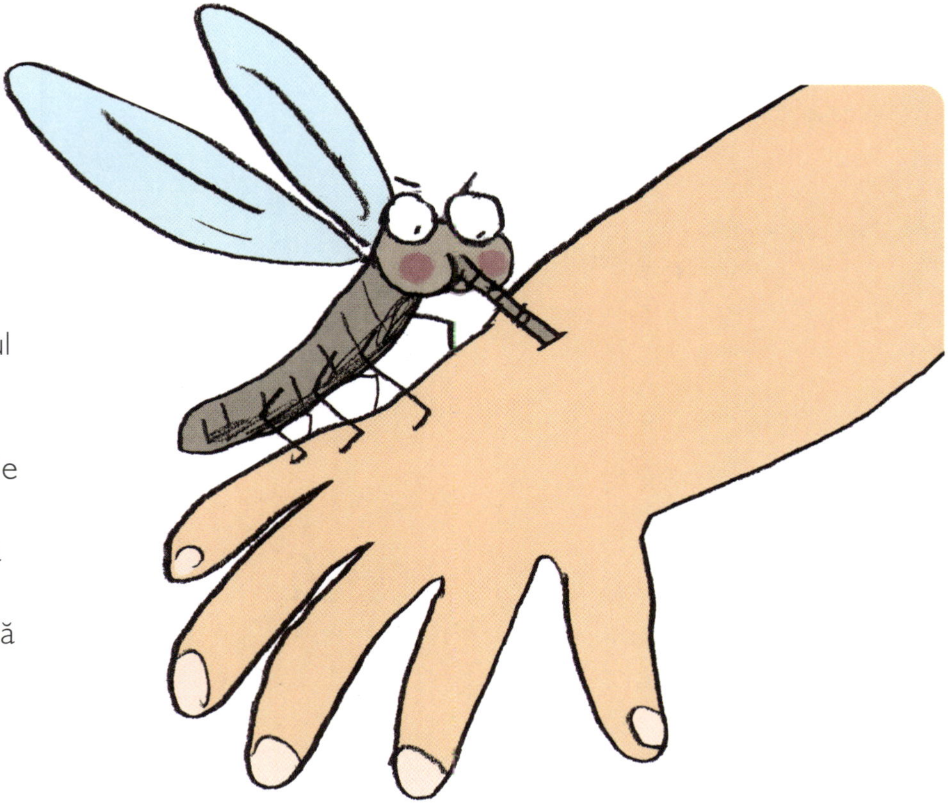

De ce simțim furnicături în picioare?

➽ Dacă stăm prea mult timp cu picioarele îndoite, sângele nu mai circulă bine prin picioare. Furnicăturile pe care le simțim sunt un semnal de alarmă ca să ne schimbăm poziția

77

Adevărat!
Când mergem cu mașina, la creier ne ajunge în același timp informația că stăm pe loc, dar și informația că suntem în mișcare... pentru că mașina e în mers. Creierul nu mai înțelege nimic! Din cauza acestor informații diferite putem avea rău de mișcare și să ne doară burta.

Mi-e rău...

78 

Cum ajungem să ne îmbolnăvim?

➽ În cea mai mare parte a timpului, corpul nostru ştie să lupte cu microbii. Dar uneori e obosit sau este atacat de microbi foarte puternici şi nu mai reuşeşte să se apere. Şi-atunci ne îmbolnăvim. Anumiţi microbi, cum este virusul rujeolei, nu-i îmbolnăvesc decât pe copii.

79 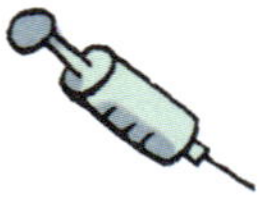

De ce fac copiii vaccinuri?

➽ Medicul vaccinează copiii ca să nu se îmbolnăvească. Acest lucru îi ajută pe micuţi să nu facă boli grave sau foarte contagioase.

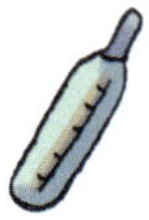

De ce facem febră când suntem bolnavi?

➽ Febra este o reacţie naturală a corpului care luptă împotriva bolii, căci temperatura ridicată slăbeşte microbii.

80

Dacă mergi la spital e grav?

81

➽ Sunt mai multe motive ca să mergi la spital: ai căzut, te-ai ars sau te doare foarte tare burtica... Uneori avem ceva grav, dar de cele mai multe ori, nu. Oricum, e normal să fii puţin speriat când mergi la spital.

Când faci operaţie te doare?

82

➽ Înainte de operaţie, medicul adoarme cu ajutorul medicamentelor acea parte a corpului care va fi operată. După operaţie te simţi în general rău, dar asistenta medicală îţi dă calmante eficiente împotriva durerii! În cazul anumitor operaţii, bolnavul este adormit complet cu ajutorul unei anestezii generale.

Adevărat!
Microbii sunt peste tot! Într-o mână de pământ sunt mai mulţi microbi decât locuitori pe planetă. Dar nu toţi microbii sunt răi. Datorită bacteriilor putem face oţet, iaurt sau brânză. În schimb, anumite virusuri ne îmbolnăvesc tare.

Emoţii şi sentimente

83

De ce pe unii oameni îi iubim, iar pe alţii, nu?

În funcţie de caracterul nostru, sunt persoane cu care ne înţelegem bine imediat şi persoane de care ne apropiem în timp. Mai sunt şi oameni care nu ne plac şi, uneori, nici măcar nu ştim de ce!

84

De ce ne certăm?

Nu suntem întotdeauna de acord cu ceilalţi, nici măcar cu cel mai bun prieten. Şi e foarte bine să-ţi spui părerea! Dar când nimeni nu e dispus să discute se ajunge la ceartă.

85

De ce suntem dojeniţi?

Dacă suntem dojeniţi, probabil că am făcut o năzbâtie. Când copiii fac lucruri periculoase, adulţii se înfurie rău. Dar mai sunt şi zile în care părinţii ne dojenesc din orice.

De ce copiii plâng mai mult decât oamenii mari? 86

➽ Copiii plâng din foarte multe motive: când sunt dezamăgiţi, când sunt obosiţi, când s-au lovit. Unii adulţi mai plâng din când în când, dar alţii, deloc. Când suntem trişti, ne face bine să plângem!

De ce coşmarurile ne sperie? 87

➽ Când dormim, avem de cele mai multe ori visele plăcute. Dar în anumite nopţi visăm monştri, fantome, câini răi care ne atacă. Aceste imagini înspăimântătoare ne fac să ne trezim imediat. Iar uneori e nevoie de puţin timp ca să ne desprindem de tot de acel coşmar...

Adevărat!
Emoţiile ni se citesc pe faţă! Când suntem bucuroşi, zâmbim. Când suntem supăraţi, ne încruntăm. Când suntem trişti, plângem. Iar când suntem timizi, ne înroşim ca racul!

De ce cactuşii au ţepi?

De ce florile miros frumos?

De ce este frig la poli?

De ce plantele sunt verzi?

De ce există maree?

De ce vulcanii în erupţie scot flăcări?

De ce pe anumite piscuri zăpada nu se topeşte niciodată?

În natură

Întrebările 88–163

Scurtă introducere în geografia Pământului

88

De ce i se spune Pământului Planeta albastră?

Pentru că o mare parte din planetă este acoperită de mări şi oceane şi, de foarte sus, Pământul se vede albastru! Pe alte planete nu există apă.

89

Continentele plutesc pe apă?

Nu. Planeta noastră are o scoarţă: scoarţa terestră. Unde e mai adâncită sunt oceanele. Unde e mai ridicată, sunt continentele.

Pământul a arătat tot timpul ca acum?

90

➽ Pământul a fost întotdeauna rotund, dar suprafaţa sa a suferit schimbări. Acum mai multe milioane de ani, pe Pământ erau mai mulţi vulcani. A existat şi o epocă în care a fost mult mai frig decât în prezent.

De unde vine apa râurilor?

91

➽ Apa râurilor provine de la micile pâraie care apar după ploaie sau în urma topirii zăpezilor de pe munţi. Uneori, apa de ploaie pătrunde în pământ şi iese prin altă parte sub formă de izvor.

Pe Pământ există locuri necunoscute?

➽ Datorită fotografiilor făcute din spaţiu cunoaştem astăzi toate cotloanele Pământului. Dar uneori avem surpriza să vedem apărând la suprafaţa oceanului câte o insulă necunoscută, care este vârful unui imens vulcan subacvatic...

92

Adevărat!
Acum sute de milioane de ani, pe Pământ nu exista decât un singur continent. După alte milioane de ani au apărut două. Astăzi sunt şase: Eurasia (Europa + Asia), Africa, America de Nord, America de Sud, Australia şi Antarctica.

Mările și oceanele

93

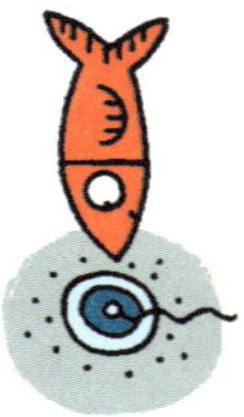

Cu ce seamănă fundul mării?

➸ În apropiere de țărm, fundul mării este plat. Dar pe măsură că înaintăm în larg, este tot mai adânc. Pe fundul oceanelor sunt munți imenși, prăpăstii de mulți kilometri adâncime și chiar vulcani care erup!

95

Până unde se întinde marea dincolo de linia orizontului?

➸ Când ne uităm la orizont, avem impresia că marea e nemărginită. Totuși, dacă luăm un vapor și mergem drept, drept înainte, ajungem până la urmă pe alt țărm. Chiar dacă poate să dureze mult!

94

De ce în unele zile marea e caldă și în altele, rece?

➸ Soarele și vântul modifică temperatura mării. Vara, dacă e soare mai multe zile la rând și nu bate vântul, apa mării este caldă. Dacă e înnorat, plouă și suflă un vânt rece, atunci e mai bine să nu-ți bagi picioarele în apă.

De unde vin valurile? 96

➽ Vântul dă naştere valurilor, care sunt mişcări ale suprafeţei mării. Când bate vântu , pe suprafaţa mării se formează valuri, uneori chiar foarte departe de ţărm. Cu cât vântul bate mai tare, un timp mai îndelungat şi din aceeaşi direcţie, cu atât valurile sunt mai mari.

De ce apa mării este sărată?

➽ Sarea se găseşte cam peste tot: în pământ, în apă, în rocile mari şi mici. Fluviile care se varsă în mare aduc tot timpul cu ele şi sare. Marea este sărată pentru că apa se evaporă, iar sarea rămâne.

97

Adevărat!
Marea cea mai sărată din lume este Marea Roşie, situată între Africa şi Arabia Saudită. Marea Moartă este şi mai sărată, dar este de fapt un lac. Oceanele de la poli au apele cele mai puţin sărate, datorită apei dulci care se topeşte din gheţari.

Vulcanii

98

Toţi vulcanii sunt periculoşi?

➽ Sunt aproximativ 40 000 de vulcani în toată lumea, mulţi dintre ei sub ape şi majoritatea deja stinşi. Asta înseamnă că nu mai pot erupe. În fiecare an, circa 50 de vulcani încep să erupă, dar nu toate aceste erupţii sunt un pericol pentru oameni.

99

Putem să prevedem o erupţie vulcanică?

➽ Nu este posibil să ştim ziua şi ora erupţiei fiecărui vulcan. Dar vulcanii periculoşi sunt ţinuţi tot timpul sub observaţie de către vulcanologi: dacă se produce vreun cutremur în apropiere sau dacă aspectul vulcanilor se modifică, atunci e posibil să urmeze o erupţie.

100

De ce vulcanii în erupţie scot flăcări?

➽ Când vulcanul începe să erupă, tone de cenuşă şi de pietre în flăcări sunt proiectate în exterior din crater, odată cu vaporii de aer fierbinte. Purtat de vânt, acest nor ajunge în cele din urmă să se aştearnă pe sol, poate să-i facă pe oameni să se sufoce şi să acopere totul cu un praf dens.

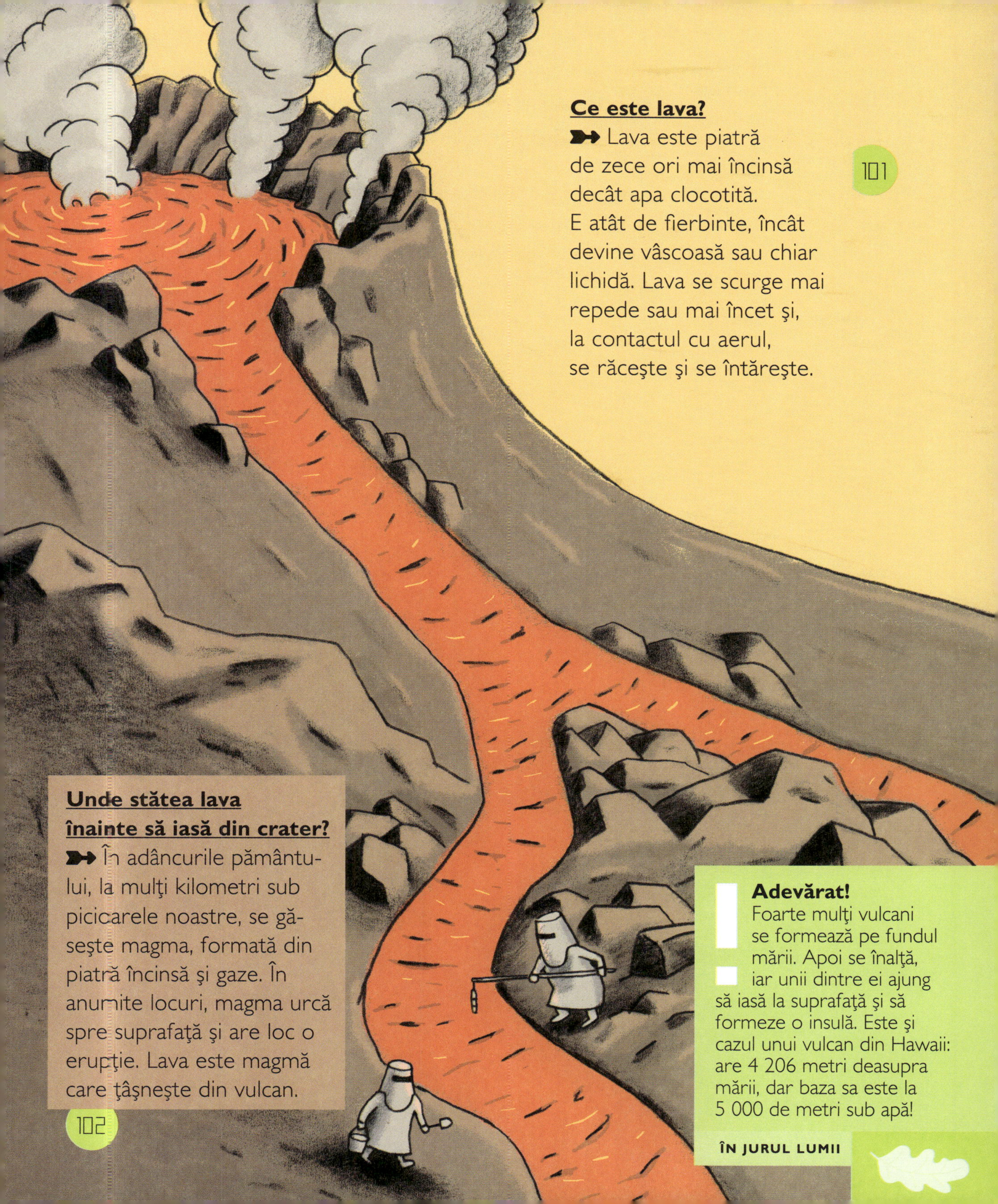

101

Ce este lava?

➽ Lava este piatră de zece ori mai încinsă decât apa clocotită. E atât de fierbinte, încât devine vâscoasă sau chiar lichidă. Lava se scurge mai repede sau mai încet şi, la contactul cu aerul, se răceşte şi se întăreşte.

102

Unde stătea lava înainte să iasă din crater?

➽ În adâncurile pământului, la mulţi kilometri sub picioarele noastre, se găseşte magma, formată din piatră încinsă şi gaze. În anumite locuri, magma urcă spre suprafaţă şi are loc o erupţie. Lava este magmă care ţâşneşte din vulcan.

Adevărat!

Foarte mulţi vulcani se formează pe fundul mării. Apoi se înalţă, iar unii dintre ei ajung să iasă la suprafaţă şi să formeze o insulă. Este şi cazul unui vulcan din Hawaii: are 4 206 metri deasupra mării, dar baza sa este la 5 000 de metri sub apă!

Deşerturile

103

E adevărat că există şi deşerturi reci?

➽ Deşert este acel loc de pe Pământ unde nu plouă aproape niciodată. Unele deşerturi sunt acoperite de nisip, altele de pietre, de sare şi chiar de gheaţă, ca Antarctica. Acolo nu este cald, ci frig polar!

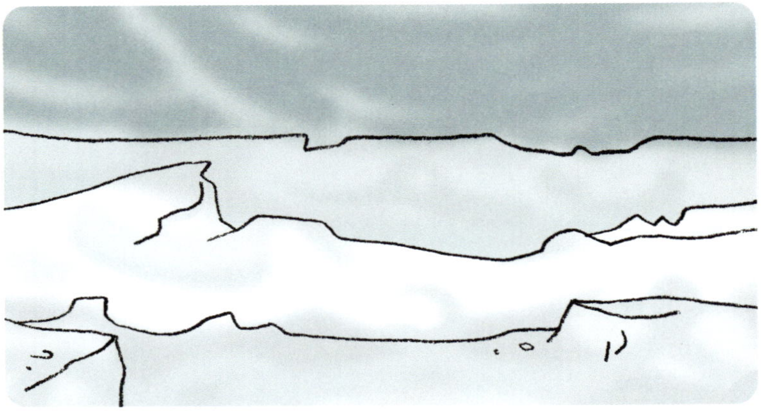

104

De ce nu plouă în deşert?

➽ Pentru că nu există aproape deloc umiditate în aer. Nu se pot forma nori şi, în anumite deşerturi, nu plouă cu anii! Pentru că nu există nori care să filtreze razele soarelui, ziua este foarte cald. Noaptea, căldura se ridică spre cer şi se face foarte frig.

105

De unde vine nisipul deşertic?

➽ Cu foarte mult timp în urmă, în locul nisipului era pietriş.

Diferenţa de temperatură între căldura de peste zi şi frigul din timpul nopţii a făcut aceste pietre să se spargă în mii de bucăţi. Vântul le-a făcut să se frece unele de altele şi au ajuns nişte minuscule fire de nisip.

De ce nu creşte nimic în deşert?

➽ Uneori, când apare un pic de umiditate în aer, cresc plante şi în deşert. Dar sunt foarte rare: cactuşi, palmieri, plante neobişnuite... În cea mai mare parte a timpului, lipsa apei împiedică dezvoltarea plantelor. Dar dacă plouă vreodată, apar dintr-odată mii de flori.

106

Cum poţi să nu te rătăceşti în deşert?

➽ În deşerturile nisipoase aproape că nu există cărări, nici indicatoare, iar dunele seamănă unele cu altele! Ca să nu te rătăceşti, cel mai bine e să ai un ghid care ştie să se orienteze în funcţie de soare şi de stele, dar şi o busolă!

107

Adevărat!
Cel mai mare deşert din lume se numeşte Sahara şi este în Africa. Este mare cât Statele Unite şi continuă să se extindă. De altfel, e foarte îngrijorător că an de an câştigă teren şi invadează regiunile învecinate!

În junglă

108

Ce este jungla?

➽ Jungla este formată din pădurile tropicale din apropierea ecuatorului, acea parte unde plouă mult şi e foarte cald. Datorită umidităţii şi căldurii, copacii şi plantele se dezvoltă mult şi cresc atât de apropiate, încât aceste păduri sunt aproape impenetrabile.

109

Copacii din junglă sunt cu mult diferiţi de ai noştri?

➽ Da, sunt copaci gigantici. Uneori, sunt mari cât o clădire de 17 etaje! Iar frunzişul lor este atât de des la vârf, încât lumina soarelui pătrunde cu greu. Acolo sus, mângâiate de razele soarelui, trăiesc cele mai multe animale.

110

De ce atârnă lianele de copaci?

➽ Lianele sunt plante căţărătoare care se înfăşoară în jurul trunchiului copacilor pentru a ajunge la lumină.

Din loc în loc, tulpinile lor imense şi moi cad la pământ, spre marea bucurie a maimuţelor.

Adevărat!
În pădurile tropicale trăiesc peste jumătate dintre speciile de animale. Multe dintre ele sunt insecte care nu se regăsesc în alte părţi ale lumii.

În savană

111

Ce este o savană?

➽ Savana este o imensă întindere vegetală, care ocupă o mare porţiune din teritoriul Africii. Rarii copaci care cresc aici sunt baobabii, groşi ca un butoi, şi arborii spinoşi de acacie, în care se caţără babuinii.

112

De ce baobabii au o formă ciudată?

➽ Aceşti copaci au fost porecliţi „arborii-sticlă". Ca să poată supravieţui mult timp fără ploaie, trunchiul lor este ca un burete: când plouă, creşte şi creşte, funcţionând ca un rezervor de apă în anotimpul secetos.

113

De ce în savană sunt atât de puţini copaci?

➽ Pentru că nu plouă suficient! În această parte a lumii nu sunt decât două anotimpuri: un anotimp îndelungat şi secetos, fără o picătură de ploaie, când vegetaţia se usucă sub soarele arzător, şi un scurt anotimp ploios, când vegetaţia reînverzeşte foarte repede...

Adevărat!

Savana este un cuvânt folosit doar în cazul Africii. Dar şi în alte părţi ale lumii există mari întinderi de vegetaţie, asemănătoare savanei: pampasul, în America de Sud, stepa, în Asia, marea prerie, în America de Nord...

Regiunile polare

114

De ce este frig la poli?

➽ La Polul Nord şi la Polul Sud, razele soarelui sunt foarte rare şi insuficient de puternice pentru a încălzi atmosfera. Iarna, e noapte timp de şase luni, ninge mult şi bate în permanenţă un vânt glacial.

115

Ce este banchiza?

➽ Banchiza se formează iarna: este vorba de apa mării care îngheaţă până la adâncimi de mai mulţi kilometri, ca un imens patinoar! Primăvara, când apa mării se încălzeşte, banchiza se topeşte şi din ea se desprind bucăţi imense de gheaţă.

116

Acolo e gheaţă şi zăpadă tot timpul anului?

➽ Nu întotdeauna! De exemplu, în apropiere de Polul Nord, când vine vara şi este numai zi, căci soarele nu apune timp de mai multe săptămâni, căldura poate topi zăpada şi gheaţa, iar pământul se acoperă cu un covor de muşchi şi de flori.

117

Cine poate trăi în regiuni atât de friguroase?

➽ Eschimoşii care trăiesc de foarte mult timp în apropierea Polului Nord au ştiut să se adapteze la această climă dificilă. Dar la Polul Sud nu locuieşte nimeni, în afară de câţiva oameni de ştiinţă şi exploratori care traversează întinderile lui albe.

De ce aisbergurile sunt periculoase pentru vapoare?

➽ Aisbergurile sunt blocuri gigantice de gheaţă plutitoare, desprinse din gheţari. Ele se deplasează fără zgomot, purtate de curenţii marini. Când se lasă ceaţă densă pe mare, marinarii nu le văd. În zilele noastre, radarele le permit vapoarelor să le repereze.

118

Adevărat!
Polul Nord este un punct în mijlocul oceanului, mărginit de insule şi teritorii. Polul Sud este un punct în mijlocul unui continent, Antarctica, înconjurat de ape şi acoperit pe alocuri de zăpadă şi gheţuri ce se înalţă la peste 4000 de metri!!

Pe malul mării

119

De ce există maree?

➽ Luna, cu ajutorul Soarelui, este cea care produce mareele, atrăgând spre ea apa oceanelor care acoperă Pământul. Pe partea apropiată de Lună, oceanele „se ridică", iar acesta este fluxul. Pe partea îndepărtată de Lună are loc refluxul.

120

De ce nu sunt peste tot plaje cu nisip?

➽ O plajă se formează acolo unde valurile şi vântul reuşesc să transforme anumite stânci de pe ţărm în nisip. Iar asta durează mii de ani! Frecându-se unele de altele, pietrele smulse din stânci devin mici fire de nisip!

121

De ce sunt atât de alunecoase algele de pe stâncile descoperite de reflux?

➽ Nu doar pentru că sunt umede.

Aceste alge sunt acoperite de o substanţă lipicioasă care le face să nu se usuce la soare şi să nu moară înainte de venirea fluxului care le acoperă la loc.

Insulele plutesc la fel ca vapoarele? 122

➽ Bineînţeles că nu! Insulele sunt bucăţi de pământ asemenea continentelor. Pe vremuri, insulele aflate în apropierea continentelor erau lipite de acestea. Dar marea, acoperind încetul cu încetul părţile joase ale litoralului, a reuşit până la urmă să le separe de continent.

Adevărat!
Toate mările şi oceanele au maree. Însă cu cât o mare are o suprafaţă mai redusă , cu atât mareele sale sunt mai slabe. Este şi cazul Mării Mediterane: apa se revarsă şi se retrage câţiva centimetri la fiecare maree, lucru aproape insesizabil!

În pădure

123

Pădurile cresc singure?

➽ Da, dar nu oriunde! E nevoie de o climă favorabilă copacilor. Şi să nu o distrugem! Pădurarii sunt cei care se ocupă de întreţinerea pădurilor: la nevoie, ei taie şi replantează copaci.

124

Toate pădurile sunt la fel?

➽ Nu, sunt diferite în funcţie de locul în care cresc, de climă şi de sol. Sunt formate din specii diferite de copaci. Anumitor copaci le cad frunzele odată cu venirea iernii, altora, nu. La baza copacilor, solul poate fi acoperit de tufişuri sau doar de muşchi.

De ce iarna cad frunzele copacilor? 125

➜ Frunzele au nevoie de lumină. Iarna, când soarele nu este atât de puternic, e mai puţină lumină, iar mulţi copaci îşi pierd frunzişul şi intră într-o stare de repaos. Acele de brad, care sunt micile frunze ale acestui arbore, nu cad iarna: brazii sunt veşnic verzi.

În păduri sunt lupi? 126

➜ În pădurile din imediata apropiere a aşezărilor noastre nu mai sunt mulţi lupi. Majoritatea au fost vânaţi de om. Dar întâlnim încă foarte mulţi lupi în pădurile virgine, acolo unde locuitorii sunt foarte puţini.

Adevărat!
Se spune că pădurile sunt „plămânii planetei“, deoarece frunzele copacilor produc cantităţi mari de oxigen, absorbind o parte din aerul poluat al oraşelor.

Peşterile şi prăpăstiile

127

Peşterile sunt peste tot sub pământ?

➽ Putem găsi o peşteră ascunsă sub pământ acolo unde solul este calcaros. Calcarul este o rocă moale în care apa de ploaie sapă de-a lungul timpului. Au fost deja descoperite multe peşteri în diverse locuri de pe planetă, dar sigur mai sunt şi altele ce urmează să fie găsite.

129

Oare peşterile au existat dintotdeauna?

➽ Peşterile au început să se formeze odată cu prima picătură de ploaie care a căzut pe pământ!

Dar e nevoie de mii şi mii de ani pentru ca ploaia să poată săpa în stâncă o peşteră asemenea celor pe care le putem vizita noi astăzi.

128

De unde vine apa din peşteri?

➽ Este apă de ploaie! Când ajunge într-o peşteră deja săpată în stâncă, apa se scurge pe pereţii acesteia, sculptând coloane, stalactite şi stalagmite, formând un lac sau un râu subteran.

E periculos să intri într-o peşteră?

➳ Nu, dacă sunt amenajate pentru vizitatori. Da, dacă este vorba de peşteri noi sau necunoscute. Speologii poartă un echipament care seamănă cu cel al alpiniştilor, având o lanternă pe cască, deoarece e întuneric şi drumul este adesea dificil...

130

Ce este o prăpastie?

➳ Când tavanul unei peşteri se prăbuşeşte, peştera rămâne deschisă, devenind astfel o prăpastie. Anumite prăpăstii sunt foarte adânci: pot avea mai mult de un kilometru în adâncime!

131

Adevărat!

În peşteri totul se dezvoltă lent: stalagmitele, coloanele de calcar care urcă de la sol spre tavan, se înalţă cu numai 2 mm pe an! Când ajung să aibă 10 cm înseamnă că sunt vechi de 5 000 de ani!

Vara la munte

132 

De ce nu sunt copaci în apropierea piscurilor?

➽ Cu cât ne apropiem de vârful muntelui, cu atât este mai frig, iar vegetaţia, mai rară. Sus de tot, nu mai cresc nici copaci, nici vegetaţie. Sunt prezente numai peticele de muşchi de pe stânci.

133 

De ce pe anumite piscuri zăpada nu se topeşte niciodată?

➽ Cu cât creşte altitudinea, cu atât este mai frig. Cu cât este mai frig, cu atât ninge mai mult şi se topeşte mai puţină zăpadă, chiar şi vara! De aceea, pe vârfurile celor mai înalţi munţi este zăpadă tot timpul anului. Spunem despre ele că sunt „zăpezi eterne".

134 

De unde vine apa lacurilor de munte?

➽ De la gheaţa şi zăpada topite de pe platourile înzăpezite şi din gheţarii din jur. Când această apă rămâne mii de ani blocată într-o scobitură a muntelui se formează un lac. E nevoie şi ca fundul lacului să fie dintr-o rocă impermeabilă, prin care apa să nu se poată scurge.

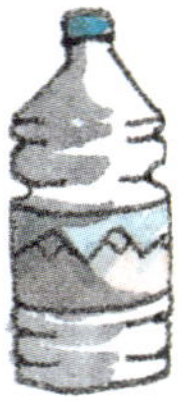

Dacă ni se face sete la munte, putem bea din apa râurilor?

Mai bine nu, decât dacă o luăm chiar de la izvor! Apa râurilor şi a torenţilor poate fi infestată de vacile sau oile care pasc pe păşunile din împrejurimi. În plus, este atât de rece, că ne poate strica la burtă...

135

Cum reuşesc florile să crească pe stânci?

La munte, sunt multe flori care cresc pe stânci, dar nu sunt ca oricare altele. Au rădăcini lungi cu care se prind bine de puţinul sol care există între stânci. Şi culori strălucitoare care să atragă insectele să le polenizeze în scurtul răstimp cât sunt înflorite.

136

Adevărat!
Cei doi versanţi ai unui munte sunt diferiţi. Cel dinspre nord este mai umbrit şi rămâne mai mult timp acoperit de zăpadă. Pe versantul sudic zăpada se topeşte mai repede, căci bate soarele.

Iarna la munte

137

De ce în anumite locuri sunt gheţari?

➽ Pe vârfurile anumitor munţi, zăpada se acumulează într-un strat atât de gros, încât ajunge să se întărească şi să se transforme într-un gheţar care se întinde încetul cu încetul spre poale.

138

Putem prevedea avalanşele?

➽ În general, ştim cât de cât unde şi când pot să se producă. Iarna, locurile riscante sunt supravegheate tot timpul. Dar avalanşele sunt imprevizibile uneori. Totul depinde de calitatea zăpezii, de pantă şi de vremea de afară.

139

De ce cabanele au acoperişuri atât de mari?

➽ Aceste acoperişuri imense care depăşesc marginile caselor reţin zăpada. Stratul de zăpadă care se adună sub acoperiş, plin de fulgi de nea şi foarte aerat, îi protejează de frig pe cei care locuiesc acolo. Ca o pătură groasă!

140

Cum sunt făcute pârtiile de schi?

➽ În timpul verii, cei care se ocupă de pârtii reperează locurile potrivite: fără pietre şi cu o pantă bună. Adesea, taie copacii şi îndreaptă terenul cu ajutorul unui buldozer. Apoi aşteaptă să ningă!

141

De ce sunt atât de mulţi brazi pe munte?

➽ Coniferele, adică brazii, zada şi molizii, sunt bine adaptaţi să trăiască la altitudine. Datorită formei lor ascuţite, zăpada alunecă fără să le încarce foarte mult ramurile. Îndură frigul şi, în afară de zadă, celelalte specii îşi păstrează frunzişul în timpul iernii.

Adevărat!

Dedesubtul piscurilor acoperite de zăpezi eterne se pot ascunde cratere de vulcan! Este cazul muntelui Fuji-Yama din Japonia, al muntelui Kilimanjaro din Africa, precum şi al platourilor înalte de pe o mare insulă din nordul Europei care se numeşte Islanda.

Scurtă introducere în botanică

Copacii sunt şi ei tot plante?

142 ➼ Bineînţeles! Sunt plante foarte mari, cu frunze sau ace, dar şi cu flori, fructe şi seminţe. Cu cât cresc mai mult, cu atât trunchiul lor devine mai înalt şi mai gros. Iar rădăcinile lor se lungesc şi se afundă tot mai adânc în pământ.

De ce se spune că anumite plante sunt „buruieni“?

➽ Sunt plante sălbatice care cresc acolo unde nu ar trebui. Nu sunt folositoare omului şi nici nu sunt întotdeauna foarte frumoase. Grădinarii le smulg degeaba, căci cresc la loc!

143

De ce plantele sunt verzi?

➽ Marea majoritate a plantelor au frunze verzi. Aceste frunze conţin o substanţă verde care se numeşte clorofilă şi care le ajută să se folosească de lumina de care au absolută nevoie pentru a supravieţui.

144

Oare toate plantele au flori?

➽ Algele, muşchiul, ferigile şi coniferele nu au flori, dar multe alte plante au. Polenul unei flori este transportat de vânt sau de către anumite insecte şi când ajunge în miezul unei alte flori, ajută la formarea unei seminţe.

145

Adevărat!
Plantele cresc peste tot dacă au aer, apă şi lumină, chiar şi în cantităţi foarte mici. Dar o plantă nu poate creşte într-o peşteră întunecată, nici în deşert, unde nu e pic de umiditate în sol sau în aer.

Florile

146 

De ce florile miros frumos?

➽ Nu toate florile au miros. Dar când miros, scopul lor este să atragă insectele. De altfel, nu toate florile miros pe placul nostru! Unele flori miros a carne stricată: dezgustător pentru noi, dar nemaipomenit pentru muştele mari.

147 

De ce trebuie să punem apă în vazele cu flori?

➽ Pentru că florile, ca orice altă plantă, au nevoie de apă ca să trăiască! Fie că sunt tăiate sau în grădină, se folosesc de tulpina lor ca de un pai pentru a absorbi apa din care se hrănesc.

Există şi flori periculoase? 148

➽ Da, degeţelul, de exemplu, cu florile sale în formă de clopoţei. E foarte tentant să bagi degetul acolo! Dar în niciun caz să nu o faci, căci sunt otrăvitoare: iar dacă bagi apoi degetul în gură, poate să ţi se facă foarte rău...

De ce se ofilesc florile? 149

➽ Florile trăiesc şi mor. Înfloresc un anumit timp, apoi se ofilesc şi-şi pierd culorile: petalele cad şi se văd seminţele. În vază, florile se ofilesc după câteva zile.

Adevărat!
Floarea-soarelui este foarte abilă: pentru ca seminţele să se maturizeze mai repede, planta se întoarce tot timpul după soare, oricare ar fi poziţia lui pe cer!

Legumele şi cerealele

150 

De ce nu toate legumele sunt verzi?

Pentru că legumele sunt plante sau părţi ale plantelor foarte diferite. De exemplu, spanacul sau salata sunt frunze ale plantei, morcovii sau ridichile sunt rădăcini, sparanghelul, ţelina sau prazul sunt tulpini.

151 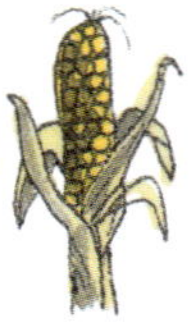

Cerealele sunt tot plante?

Da, sunt un tip de plante, cultivate pentru alimentaţia oamenilor sau a animalelor. Cele mai cunoscute sunt grâul, porumbul, orezul, care creşte în apa orezăriilor din Asia, şi sorgul, care creşte mai ales în Africa.

De ce cartofii nu sunt fructe?

➽ Cartofii şi merele, de exemplu, nu au nimic în comun. Fructele cresc, de obicei, în pomi fructiferi, iar cartofii sunt legume care cresc în pământ, prinşi de rădăcină.

152

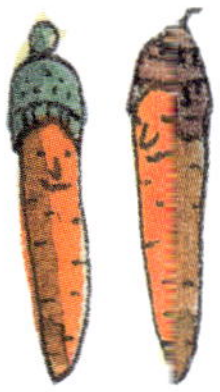

De unde avem legume iarna?

➽ În prezent, majoritatea legumelor sunt cultivate în sere, unde stau la adăpost şi la căldură, chiar dacă afară e frig. Legumele nu mai depind de anotimpuri, iar asta ne permite să le avem pe masă tot timpul anului!

153

Adevărat!
Exploratorii au avut extraordinara idee de a aduce din îndepărtatele lor călătorii în America tot felul de legume necunoscute în Europa: porumb, cartofi, roşii, fasole sau castraveţi...

Ciupercile

154

De ce ciupercile nu au frunze?

Pentru că nu sunt plante. Ciupercile fac parte dintr-o categorie deosebită, fără frunze, fără tulpină, fără flori. Nu au clorofilă şi, în locul rădăcinii, au nişte filamente lungi prin care îşi extrag hrana din sol.

155

Dacă mâncăm ciuperci otrăvitoare putem muri?

Asta se întâmplă rar, pentru că foarte puţine ciuperci sunt mortale, dar este totuşi posibil. Majoritatea ciupercilor otrăvitoare ne strică rău la burtă. Iar dacă le consumăm în cantitate mare, ne putem îmbolnăvi foarte tare.

156

Cum recunoaştem o ciupercă otrăvitoare?

Numai cunoscătorii ştiu să deosebească între ciupercile bune şi cele otrăvitoare.

Ca să fii sigur că nu te otrăveşti, cel mai bine este să nu atingi şi să nu culegi o ciupercă necunoscută. Dacă ai îndoieli, e bine să-i arăţi ce ai cules unui specialist sau unui farmacist!

Chiar există ciuperci roşii cu buline albe? 157

➽ Aceste ciuperci frumoase pe care copiii adoră să le deseneze sunt ciuperci otrăvitoare, absolut necomestibile! Se numesc „bureţii muştelor" şi chiar pot ucide muştele. Din fericire, nu şi oamenii.

Ce sunt ciupercile de cultură? 158

➽ Sunt una dintre cele mai cultivate specii de ciuperci comestibile din lume. Aceste ciuperci sunt crescute în ciupercării pretutindeni pe glob sau în cariere şi peşteri. La maturitate, pălăria lor poate ajunge chiar şi la 10 cm în diametru.

Adevărat!
Mucegaiul este alcătuit din ciuperci microscopice! Îl găsim sub formă de pete albăstrii pe feliile de pâine veche, care nu mai sunt bune de mâncat. Dar tot acest mucegai este şi cel care dă gust brânzei Roquefort.

Plantele neobişnuite

159

De ce cactuşii au ţepi?

➽ Cactuşii pot creşte în ţări calde, unde nu plouă aproape deloc. Iar asta se datorează tocmai ţepilor lor, care, de fapt, sunt mici frunze răsucite ce împiedică evaporarea apei mai eficient decât frunzele desfăcute.

160

Este adevărat că există flori gigantice?

➽ Cea mai mare floare din lume este *Rafflesia arnoldii.* Este o floare foarte ciudată care are un diametru de aproape un metru, cântăreşte zece kilograme şi miroase foarte urât. Creşte ca o ciupercă, pe trunchiul anumitor copaci din pădurile Asiei.

161

Plantele carnivore pot mânca şi oameni?

➽ Nu, în general mănâncă doar insecte, pe care le atrag cu parfumul lor dulceag, apoi se închid şi le prind înăuntru, unde le digeră. Totuşi, cele mai mari pot mânca păsări de dimensiuni mici, broaşte sau chiar şobolani!

162

Cum reuşesc nuferii să plutească pe suprafaţa apei?

➽ Frunzele lor plutesc pe apă, deoarece conţin bule de aer. De asemenea, nuferii posedă tulpini care rămân sub apă şi rădăcini care se înfig adânc în solul de pe fundul apei.

163

Este adevărat că anumite flori au peri?

➽ Da, este cazul florii-de-colţ, o floare micuţă şi albă, care creşte pe stâncile montane. Petalele sale sunt acoperite de un strat gros de perişori fini care o protejează de frig!

Adevărat!
Bambuşii sunt plantele care cresc cel mai repede. În câteva luni pot ajunge la dimensiunile unui copac. Bambusul gigant din Asia este cel care bate toate recordurile: creşte 50 de centimetri pe zi!

De ce sar delfinii din apă?

De ce spunem că vulpea e șireată?

De ce cocoșul cântă atât de devreme?

De ce trebuie să alungăm muștele?

De ce anumitor lăcuste li se spune „călugărițe“?

De ce pisica își arcuiește spatele?

De ce spunem că leul este „regele animalelor“?

Animalele

Întrebările 164–373

Câinii

164

Cum reuşesc câinii să se facă atât de bine înţeleşi?

În funcţie de situaţie, latră, mârâie, urlă sau scâncesc. Dar mai comunică şi cu ajutorul corpului lor. Un câine care dă din coadă este un câine fericit. Dacă îşi ţine coada între picioare, mai mult ca sigur că a făcut o boacănă şi încearcă să-şi ceară iertare!

166

De ce le place câinilor să roadă oase?

Într-adevăr, câinilor le place foarte mult să roadă oase mari de vită sau de viţel. E benefic pentru dinţii lor să muşte din ele, iar astfel absorb şi calciul indispensabil sănătăţii lor.

165

De ce nu trebuie să mângâiem un câine necunoscut?

În general, câinilor le place să fie mângâiaţi, dar unii dintre ei sunt dresaţi să fie agresivi; ba chiar pot fi surprinşi de anumite gesturi ale persoanelor necunoscute.

Adevărat!
Câinii dingo din Australia sunt sălbatici. Au blana ca de vulpe, nu latră, ci urlă asemenea lupilor şi atacă turmele de oi şi cangurii.

167

De ce torc pisicile?

➽ De la pisoiul cel mai mic la motanul cel mare şi bătrân, toate pisicile torc când se simt bine şi sunt mângâiate. E semn că le place. Corzile lor vocale, situate în gât, emit acest sunet caracteristic când vibrează.

168

Este adevărat că pisicile văd bine noaptea?

➽ În întuneric, pisicile văd mult mai bine decât noi. Pupila lor se poate dilata foarte mult, percepând cea mai mică rază de lumină. Dar, ca şi noi, dacă e întuneric beznă, nici ele nu văd absolut nimic!

De ce pisica îşi arcuieşte spatele?

➽ Când nu e mulţumită, pisica scuipă, îşi arată dinţii şi îşi arcuieşte spatele, înfoindu-şi blana: aşa arată mai impresionant. Este modul ei de a-şi intimida adversarul.

169

Adevărat!
Pisica este o felină. Este verişoara mai mică a tigrului şi a panterei! Şi, asemenea tuturor felinelor, cu excepţia ghepardului, pisicile au gheare retractile, adică le pot scoate şi retrage când vor ele.

170

De ce melcii se retrag adesea în cochilia lor?

➽ Cochilia este adăpostul lor. Când sunt în pericol, când e prea frig sau prea cald, melcii se cuibăresc imediat cu totul în cochilie. Mai ales iarna când hibernează, ca să fie în deplină siguranță, blochează intrarea cu saliva lor care, atunci când se usucă, devine solidă.

171

Bulinele de pe spatele buburuzelor ne arată câți ani au?

➽ Nicidecum! Buburuzele sunt insecte care nu trăiesc mai mult de un an. Totuşi, cea mai răspândită specie de buburuză are şapte buline negre pe spate...

172

De ce în marile oraşe sunt atât de mulţi porumbei?

➽ În oraşe, porumbeii sunt atât de mulţi pentru că este interzisă vânarea lor. De asemenea, aici găsesc toată hrana de care au nevoie, plus suficiente adâncituri pe la colţurile zidurilor în care să îşi facă un cuib.

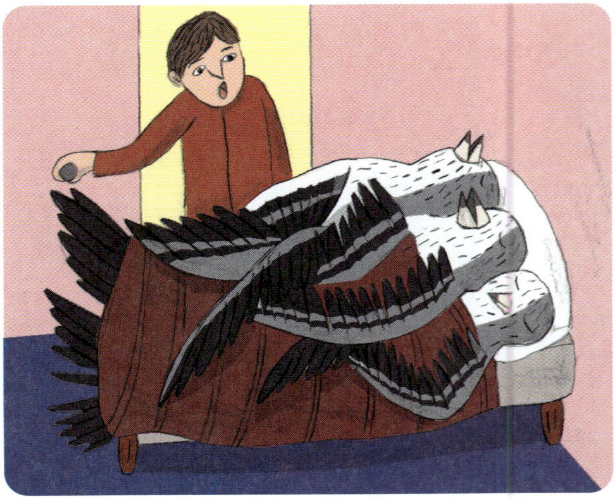

De unde vine firul de la pânza de păianjen?

173

➽ Păianjenii își țes pânza cu ajutorul unui fir de mătase foarte fin, foarte rezistent și lipicios, secretat de abdomenul lor.

De ce se spune „orb ca o cârtiță"?

➽ Cârtița, care toată viața sapă galerii subterane cu ajutorul labelor sale mari, are ochii atât de mici, încât este aproape oarbă. Prin urmare, ea se folosește de simțul mirosului și de mustățile sale ca să se orienteze și să găsească râmele cu care se hrănește.

174

Adevărat!
Puii de arici se nasc fără țepi. Țepii încep să le crească după câteva ore. Corpul aricilor adulți este acoperit de peste 7 000 de țepi: au cu ce să-și descurajeze atacatorii când se aricesc!

Albinele

176 **Care e diferența între o albină și o viespe?**

➳ Albinele zboară din floare în floare și, după ce înțeapă, mor dacă își pierd acul. Viespile au abdomenul galben cu negru, nu fac miere, le place să dea târcoale farfuriilor noastre cu mâncare și pot să înțepe de mai multe ori!

175 **De ce fac albinele miere?**

➳ Pentru a hrăni celelalte albine și larvele din stup. Stupii sunt extraordinare fabrici de miere la îndemâna apicultorilor, care trebuie să aibă grijă să nu se lase înțepați!

177 **Câte albine sunt într-un stup?**

➳ Într-un stup există o singură regină înconjurată de 2 500 de trântori și de 50 000 de albine lucrătoare. Albinele lucrătoare fac miere și nu trăiesc decât 38 de zile!

Adevărat!

Regina albinelor este mult mai mare decât albinele lucrătoare. Ea rămâne toată viața închisă în stup, îngrijită de lucrătoare. Acolo depune sute de ouă pe zi, mai puțin iarna!

Cum fac furnicile ca să găsească de mâncare?

178

Furnicile nu văd bine, dar se orientează datorită mirosului şi antenelor. Tot după miros recunosc şi furnicile care fac parte din acelaşi muşuroi.

Ce fac furnicile în muşuroi?

179

În muşuroi se găsesc una sau două regine a căror sarcină este să depună ouă. Mii de furnici lucrătoare protejează colonia, fac provizii de hrană, fac curăţenie, hrănesc larvele...

De ce se deplasează în şir indian?

Ca să nu se piardă! Când se deplasează, furnicile lasă în urmă o substanţă mirositoare pe care o recunosc toate furnicile dintr-un muşuroi. Ca să se întoarcă acasă, tot ce au de făcut este să urmeze acea dâră mirositoare.

Adevărat!
Există peste 12 000 de specii de furnici. Furnicile sunt peste tot pe pământ. Unele sunt roşii, altele negre, iar altele au aripi. Cele uriaşe măsoară mai mulţi centimetri în lungime!

180

Insectele zburătoare

181 **Este adevărat că femela de țânțar e cea care ne ciupește?**

➽ La fel ca în cazul viespilor sau al muștelor mari numite tăuni, numai femelele de țânțar ciupesc. Când fac asta, absorb un pic de sânge, adică o hrană plină de energie care le permite să facă ouă și să le depună.

182 **De ce nu vedem aripile cărăbușilor?**

➽ Aripile cărăbușilor sunt ascunse sub o carapace care le protejează, oarecum asemenea unui scut. Când cărăbușii doresc să-și ia zborul, această carapace se desface pe mijloc și ei își deschid aripile.

183 **De ce fluturii au desene pe aripi?**

➽ Desenele de pe aripile fluturilor sunt niște solzișori microscopici, de multe ori foarte colorați.

Aceste desene îi ajută să se recunoască între ei în funcție de specie și să se reproducă. Îi mai ajută și să-și sperie dușmanii sau să se ascundă.

De ce trebuie să alungăm muștele?

184

➽ Muștele au obiceiul să se așeze pe chestii dezgustătoare care sunt adevărate cuiburi de microbi, de exemplu gunoi, excremente... Așezându-se apoi pe mâncarea noastră, pot să transporte microbi și să ne transmită boli.

De ce cântă greierii?

185

➽ Numai greierii masculi cântă. Vara, ca să atragă femelele, ei cântă încordând și relaxând țesutul de pe burta lor.

Unde putem vedea libelule?

➽ Libelulele trăiesc în apropierea bălților și a iazurilor, deoarece își depun ouăle în apă, unde larvele lor cresc după ce eclozează. Când le dau aripile, ies din apă și își iau zborul.

186

Adevărat!
Datorită antenelor lor lungi, lăcusta și greierele se aseamănă. Abia când ne uităm la piciorușele lor le putem diferenția: ale lăcustei sunt foarte subțiri. Dar sunt și specii de greier ușor de recunoscut după antenelor lor foarte mici.

Insectele târâtoare

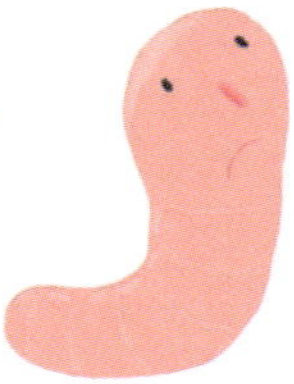

187

Miriapodele chiar au o mie de piciorușe?

➽ Nu, nu au niciodată atât de multe! Miriapodele cu cele mai multe piciorușe nu au decât câteva sute. Totuși, miriapodele sunt animalele care au cele mai multe picioare!

188

Cum se numesc insectele care seamănă cu niște crenguțe?

➽ Fasmide. Sunt niște insecte foarte ciudate. Ca să se camufleze, pot să imite la perfecțiune o crenguță asemenea celei pe care sunt așezate. Și rămân așa ore în șir, mișcându-se foarte puțin, ca să nu fie observate de păsări.

189

De ce anumitor lăcuste li se spune „călugărițe"?

➽ Din cauza poziției picioarelor lor din față: când sunt îndoite pare că lăcusta își face, smerită, rugăciunea. Dar nu este deloc așa! Lăcusta e mereu pregătită să le întindă ca să prindă o pradă...

190

De ce sunt atâţia păianjeni pe suprafaţa unor bălţi??

➽ Nu sunt păianjeni, ci nişte insecte care aparţin familiei Gerridae, care aşteaptă ca o altă insectă să cadă în apă, să o poată devora. Şi, datorită perilor minusculi pe care îi au la capătul picioarelor lor lungi, pot să alunece pe suprafaţa apei fără să se scufunde.

191

De ce sunt gândacii dezagreabili?

➽ Când gândacii cotropesc o casă, se strecoară peste tot şi găsesc de mâncare în cele mai mici colţuri, infestând tot ce ating, înmulţindu-se foarte rapid. Sunt nişte invadatori de care trebuie să scăpăm cât mai repede.

Adevărat!
Indiferent dacă zboară sau nu, toate insectele au şase membre. Iată de ce păianjenii, care au opt membre, nu sunt insecte, ci fac parte dintr-o altă categorie: arahnidele.

La marginea apei

192

Broaştele pot să respire sub apă?

➽ Da, chiar dacă au plămâni ca să poată respira la suprafaţă, broaştele respiră şi sub apă cu ajutorul pielii lor care absoarbe aerul din apă. Mormolocii, care sunt puii de broască, au branhii asemenea peştilor şi nu pot să respire decât în apă.

193

De ce broaştele râioase orăcăie atât de tare?

➽ Primăvara şi vara le auzim orăcăind toată noaptea în apropierea bălţilor şi a iazurilor. Este felul în care masculii încearcă să atragă femelele, umflându-şi şi dezumflându-şi zgomotos guşa, ca un balon.

194

Câţi mormoloci fac broaştele?

➽ Broaştele depun în apă mii de ouă. Dar aproximativ unul dintr-o mie va deveni o broască.

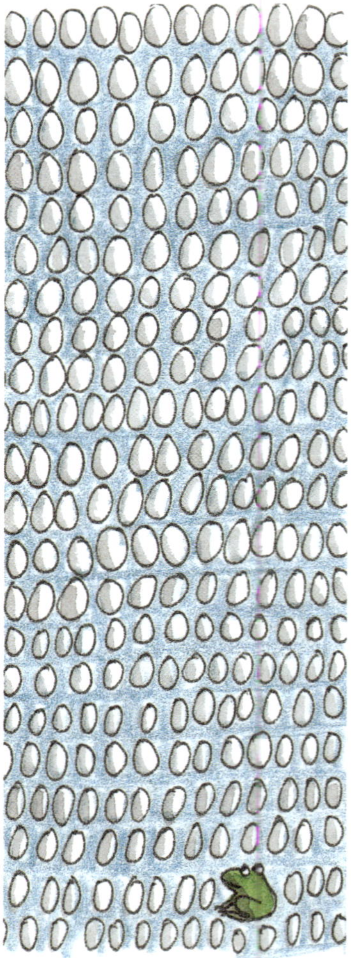

Trebuie spus că ouăle şi mormolocii sunt un deliciu pentru peşti!

Broasca este femela broaştei râioase? 195

➽ Nu. Sunt două animale diferite. Broaştele au în general pielea netedă, în timp ce broaştele râioase au pielea aspră şi acoperită cu negi.

De ce în apropierea bălţilor sunt atât de mulţi ţânţari? 196

➽ Pentru că ţânţarii îşi depun ouăle în ape liniştite, cum sunt bălţile. Când larvele cresc, tinerii ţânţari ies din apă cu zecile şi îşi iau zborul.

Adevărat!
Racii-de-râu sunt crustacee mici care trăiesc în râuri. Cu cleştii lor mari seamănă cu nişte languste în miniatură, deşi nu măsoară decât aproximativ 10 centimetri în lungime.

Pe câmp

197

Calul doarme în picioare sau culcat?

➽ Calul doarme de cele mai multe ori în picioare, mai ales în grajd. Dar pe câmp, dacă are suficient loc să se întindă şi pământul i se pare confortabil, nu va ezita să stea culcat ca să se odihnească. Mai puţin dacă este un cal enorm de povară, căruia i-ar fi greu să se ridice de jos.

198

De ce vacile par a mesteca tot timpul?

➽ Când pasc, vacile înghit iarba foarte repede. Apoi o readuc în gură ca să o mestece bine şi să o digere: spunem că rumegă.

199

Care este diferenţa între un taur şi un bou?

➽ Taurul este crescut pentru reproducere: misiunea sa este să le facă viţeluşi vacilor. Un bou nu poate face viţei şi este crescut numai pentru carne.

Toate oile trebuie tunse? 200

Nu, nu toate. Anumite oi sunt crescute pentru carne, altele pentru lână. Femelele sunt crescute pentru că dau lapte. Oile trebuie tunse o dată pe an, înainte de venirea verii.

E adevărat că taurii se înfurie când văd roșu? 201

Taurii sunt animale foarte nervoase. Dar, la fel ca multe alte animale, nu percep culorile. În schimb, mișcările bruște pe care le facem în fața lor pot să îi enerveze foarte tare.

Adevărat!
Belciugul pe care îl au în nas anumiți tauri este pentru a lega de el o funie și a convinge animalul să înainteze. Dacă nu vrea să îl doară, taurul nu are de ales și e nevoit să se supună!

202

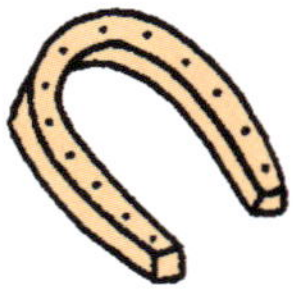

Pe cal îl doare când este potcovit?

➽ Potcoavele sunt prinse de copite, un ţesut care seamănă cu unghiile noastre. Prin urmare, pe cal nu îl doare când este potcovit, aşa cum nici pe noi nu ne doare când ne tăiem unghiile!

203

De ce cocoşul cântă atât de devreme?

➽ Cucurigu! Cum răsare soarele, cocoşul începe să cânte ca să anunţe pe toată lumea că el este acolo şi că e şef peste toate păsările de curte!

De ce porcii sunt mai tot timpul murdari?

204

Porcii au nevoie să se tăvălească prin noroi ca să scape de micii paraziţi care îi sâcâie: aşa se îngrijesc ei! În crescătorii nu e noroi pe jos şi porcii se culcă adesea în propria murdărie, pentru că nu este suficient loc.

Câţi litri de lapte dă o vacă atunci când e mulsă?

205

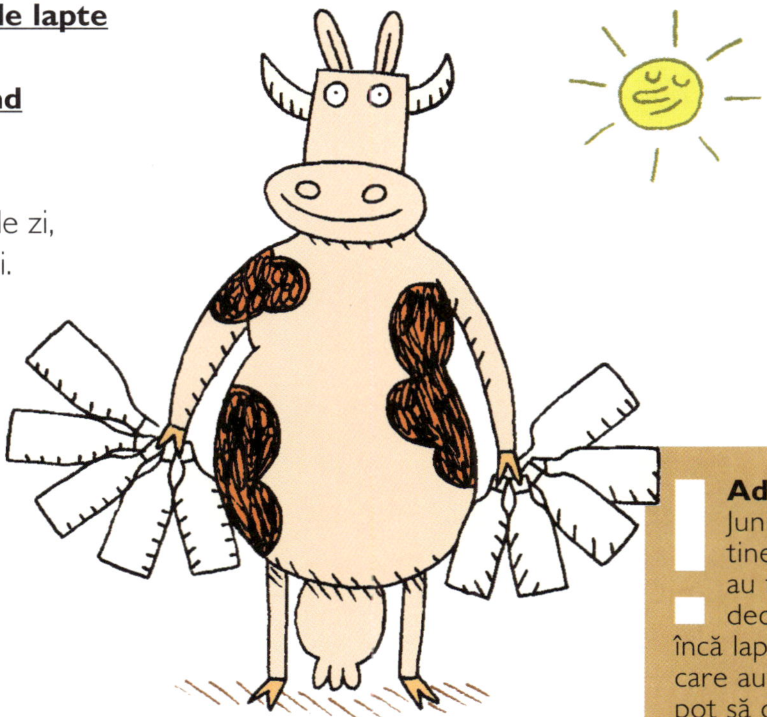

Vacile sunt mulse dimineaţa şi seara, zi de zi, pe tot parcursul anului. Vacile nu au concediu şi nici duminici libere! O vacă de lapte dă aproximativ 18 litri de fiecare dată când este mulsă.

Adevărat!
Junicile sunt vaci tinere care încă nu au făcut niciun viţel, deci nici nu produc încă lapte. Numai vacile care au avut deja un viţel pot să dea lapte.

206

Ce se întâmplă cu turmele şi cirezile când nu mai au iarbă de păscut?

➼ Înainte de căderea primei zăpezi, vacile şi oile sunt coborâte în grajdurile de la poale. Este ceea ce se cheamă transhumanţă. Li se dă fân: iarbă uscată. La sfârşitul primăverii sunt din nou mânate pe păşunile alpine.

208

Pe vârf de munte sunt păsări?

➼ În apropierea restaurantelor situate la mare altitudine, în staţiunile montane unde se practică sporturi de iarnă, vedem adesea păsări mari şi negre care seamănă cu nişte corbi. Sunt stăncuţe. Îşi fac cuib în stânci şi se hrănesc cu resturi.

207

Ce fac marmotele iarna?

➼ Vara, vedem marmotele zburdând prin apropierea vizuinii lor, stând la soare, îndopându-se cu iarbă proaspătă. Iarna nu le mai vedem, pentru că hibernează: se aşează în fundul vizuinii lor, o închid... şi dorm la căldură timp de şase luni.

209

Cât de sus pot zbura vulturii?

➽ Acvila de munte, care îşi face cuibul la peste 2 000 de metri altitudine, planează fără efort pe deasupra piscurilor, pândindu-şi prada cu ochii ei ageri. Legenda spune că acvila de munte zboară atât de aproape de soare, încât nu se teme să se uite la el direct!

210

Ce animale pot să se caţere pe munţi?

➽ Capra-neagră şi capra alpină sunt adevărate alpiniste. Pot să se caţere pe stânci înclinate, să-şi menţină echilibrul pe colţuri de stâncă şi, cu capul înainte, să coboare pante abrupte în mare viteză şi fără să alunece. Iacii din Himalaya şi muflonii din America sunt şi ei nişte căţărători foarte buni.

Adevărat!
Copitele caprelor-negre au o mică membrană elastică, menită să le transforme în nişte mini-rachete de zăpadă, foarte practice pentru a urca pantele înzăpezite fără să alunece!

211

De ce spunem că vulpea e şireată?

➽ Vulpea ştie să fie vicleană, mai ales dacă îi este foame! Se preface moartă, stă nemişcată, lăsând să se apropie vreo pasăre pe care are mare poftă s-o înfulece. Şi, ca să nu se obosească, pune stăpânire pe vizuina făcută deja de un alt animal!

212

Putem şti cu adevărat vârsta unui cerb după coarnele sale?

➽ Cerbii au coarne care cresc toată viaţa lor. Aceste coarne le cad în fiecare an şi, după câteva luni, le cresc altele mai mari. Cu cât un cerb este mai bătrân, cu atât coarnele sale au mai multe ramuri!

213

Cum fac veveriţele ca să se caţere atât de sus?

➽ Veveriţele sunt foarte agile: când se sperie, sunt sus în copac în câteva secunde! Ghearele lor ascuţite le ajută să se caţere pe trunchi.

Iar coada lor stufoasă le ajută să sară de pe-o creangă pe alta.

Mistreţii atacă omul? 24

➽ Aproape niciodată, mai puţin atunci când un vânător se nimereşte în drumul unui mistreţ bătrân şi solitar sau dacă o mamă-mistreţ crede că vrem să le facem rău puilor ei.

Cum reuşesc bufniţele să zboare pe întuneric? 25

➽ Având ochii mari şi rotunzi, bufniţele văd foarte bine pe întuneric. În plus, au şi auzul fin: sesizează cele mai mici sunete, le recunosc şi ştiu cum să reacţioneze.

Adevărat!
Având o superbă culoare aurie şi coada cu pene foarte lungi, fazanii masculi sunt mult mai frumoşi decât femelele. Este valabil în cazul multor specii de păsări!

216

Toate zebrele au dungile la fel?

➽ Nu, fiecare animal are propriile sale dungi, care sunt diferite de la o zebră la alta. Asta le ajută să se recunoască între ele. Şi fiecare specie de zebre are dungile proprii: subţiri sau groase, foarte închise la culoare sau mai deschise...

217

Elefanţii au pielea ridată pentru că sunt bătrâni?

➽ Nicidecum! Indiferent dacă au un an sau şaizeci, toţi elefanţii au o piele groasă şi ridată. Ea este practic fără păr, lucru rar în cazul unui mamifer.

218

E adevărat că girafa este cel mai înalt animal din lume?

➽ Da. Datorită gâtului ei lung, girafa este înaltă cât o casă cu două etaje!

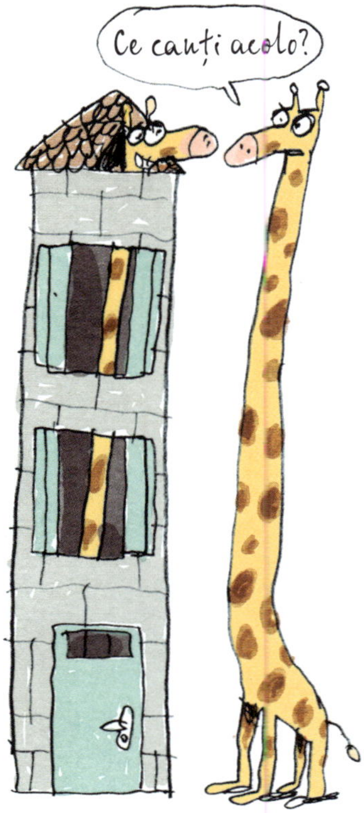

E practic dacă vrei să vezi până departe, dar şi ca să te delectezi cu frunzele din vârful arborilor de acacie... la care alte animale nu pot ajunge.

219

De ce hipopotamii cască tot timpul?

➽ Nu cască deloc! Când un hipopotam își deschide gura imensă și grohăie, încearcă să le arate celorlalți masculi din grup că el este cel mai puternic.

220

Rinocerii sunt periculoși?

➽ Rinocerii nu văd prea bine, pentru că au ochii foarte mici, situați lateral. Imediat ce simt ceva ieșit din comun care îi neliniștește preferă să atace cu cornul, chiar dacă, de fapt, nu sunt amenințați.

Adevărat!
Puii de elefant cântăresc la naștere peste 100 de kilograme și nu au colți de fildeș. Aceștia din urmă încep să le crească de la vârsta de doi ani și continuă întreaga viață, atât la masculi, cât și la femele.

221

De ce spunem că leul este „regele animalelor“?

➽ Leul este cel mai mare animal carnivor din savana africană. Masculul chiar are un aer regal cu coama sa maiestuoasă, cele 250 de kilograme de muşchi, colţii ascuţiţi ca un pumnal şi răgetele înspăimântătoare!

222

E adevărat că leul doarme tot timpul?

➽ Leul se odihneşte în jur de 20 de ore pe zi, la umbră. Digeră liniştit kilograme întregi de carne sau leneveşte, supraveghindu-şi puii în timp ce leoaicele sunt la vânătoare.

De ce felinele au blana diferită?

➽ Pentru că nu provin toate din acelaşi loc. Datorită petelor sale, leopardul poate dormi liniştit într-un copac, ascuns în frunziş. Cu ajutorul dungilor sale, tigrul poate să se camufleze mai uşor în junglă, luându-şi prada prin surprindere. Având o culoare galben-roşcată, leii trec mai uşor neobservaţi când vânează printre ierburile uscate din savană. 223

E adevărat că ghepardul este cel mai rapid dintre mamifere?

➽ Da, un ghepard care a pornit în urmărirea unei gazele poate să se deplaseze la fel de repede ca o maşină: face salturi cu o viteză de peste 100 km/h! Dar oboseşte repede: dacă nu reuşeşte să prindă prada într-un minut, trebuie să renunţe. 224

Adevărat!
Tigrul siberian poate cântări până la 300 de kilograme. Este felina cea mai mare. Măsurat din vârful nasului până în vârful cozii este lung cât o maşină!

Maimuţele

225

De ce maimuţele petrec atât de mult timp curăţându-se una pe alta?

➽ Maimuţele trăiesc în grupuri. Să-şi curețe blana de purici şi de crenguţe este şi o modalitate de contact fizic, de a simţi că fac parte din aceeaşi familie, ca şi cum s-ar alinta un pic!

226

De ce maimuţele se strâmbă atât de mult?

➽ Nu se strâmbă ca să se amuze, ci pentru a comunica între ele. Când îşi dezgolesc dinţii sau îşi ţuguie buzele vor să arate că sunt agitate sau furioase ori vor să se facă ascultate de celelalte maimuţe din grup.

227

Toate maimuţele au coadă?

➽ Majoritatea maimuţelor care trăiesc în copaci au coadă: le ajută să-şi menţină echilibrul, să nu cadă sau pe post de mână în plus cu care se prind de crengi. Maimuţele care trăiesc la sol rareori au coadă.

Toate maimuţele trăiesc în copaci?

➽ Nu, nu toate. Anumite maimuţe mari, ca gibonii şi urangutanii din Asia, nu coboară niciodată din copaci. Altele, ca babuinii din Africa, se suie în copaci numai dacă sunt în pericol. Iar altele, ca pavianii şi gorilele nu se suie aproape niciodată în copaci.

228

De ce maimuţele au laba piciorului în formă de mână?

➽ Picioarele lor au degetul mare poziţionat uşor lateral ca să se ţină bine de crengile copacilor sau ca să apuce diverse lucruri la fel de bine ca şi cu mâinile. Cele mai multe dintre maimuţe nu au gheare asemenea altor animale: au unghii, ca oamenii!

229

Adevărat!
Cimpanzeul este maimuţa care seamănă cel mai mult cu omul.
Creierul maimuţelor este mai dezvoltat decât al altor mamifere. Considerăm că cimpanzeul e cea mai inteligentă maimuţă: recurge la mai mult de 20 de sunete diferite pentru a comunica şi ştie să folosească unelte rudimentare.

Animale înfricoşătoare

230 

Un crocodil poate să mănânce un om?

➽ Din păcate, da! Dacă un om se apropie prea mult de un crocodil înfometat, riscă să fie mâncat! Cel mai periculos dintre toţi este crocodilul marin, care are 5 metri în lungime şi face anual victime în Asia şi în Australia.

231 

Lupii pot să mănânce copii?

➽ Lupii pot să mănânce copii numai în poveştile menite să ne sperie. Lupii preferă iepurii sau oile! În prezent, avem mai multe şanse să dăm peste un lup la grădina zoologică decât prin pădurile din jurul oraşelor.

232

Păianjenii sunt periculoşi?

➽ Cei mai mulţi păianjeni au un venin de care se folosesc pentru a-şi paraliza prada. Dar sunt destul de puţini păianjeni care pot să-i facă rău omului.

Un scorpion poate să ucidă un om?

233

➽ Rareori, din fericire. Numai scorpionii foarte mari au o înţepătură veninoasă. Scorpionii imperiali sunt singurii care pot ucide un om dacă îl înţeapă cu acul din vârful cozii lor.

Şi şerpii?

➽ Şerpii de casă pot să muşte, dar nu sunt periculoşi. Şerpii veninoşi, ca viperele, şerpii cu clopoţei sau cobrele, sunt periculoşi! La fel şi şerpii care îşi ucid prada prin sufocare, ca pitonul, anaconda şi boa.

234

Adevărat!
Şerpii îşi schimbă pielea anual: se spune că năpârlesc. Scapă de pielea cea veche, frecându-se de o stâncă, iar dedesubt au o piele nouă!

Pe banchiză

235 Urşilor de pe banchiză le este frig în apa îngheţată?

Protejaţi de blană şi, mai ales, de stratul gros de grăsime pe care îl au sub piele, urşii nu se tem să înoate în apa rece ca gheaţa. Mai ales dacă se duc să prindă o focă!

236 Focile sunt toate la fel?

Există vreo 20 de specii de foci. Cele mai multe trăiesc în regiunile polare, dar şi în alte părţi. Foci micuţe întâlnim chiar şi în Marea Mediterană! Cea mai mare dintre toate este elefantul-de-mare care are peste 6 metri în lungime şi cântăreşte 3 sau 4 tone! Nasul său seamănă cu o trompă.

Ce diferență este între un pinguin imperial și o alcă?

237

➸ Toți aparțin aceleiași familii de păsări, seamănă între ei, dar pinguinii imperiali trăiesc aproape de Polul Sud, în timp ce alcele trăiesc în emisfera nordică. Pinguinii imperiali sunt cei mai cunoscuți, nu pot zbura, dar sunt excelenți înotători!

Leul-de-mare este masculul focilor?

238

➸ Nicidecum! Focile și leii-de-mare sunt două animale diferite, chiar dacă fac parte din aceeași familie. Leii-de-mare au urechi mici și se sprijină pe înotătoare. Focile nu au urechi vizibile și se deplasează târându-se.

Adevărat!
Morsele au doi colți lungi care le ajută uneori când se bat, când ies din apă, ridicându-se pe gheață ca și când s-ar folosi de pioleți, sau când răscolesc zăpada în căutare de hrană.

Animale neobişnuite

239

Liliecii sunt păsări?

➽ Nu, sunt mamifere şi sunt singurele capabile să zboare ca păsările. Nu au aripi cu pene, ci un strat de piele care face legătura între corpul lor şi degetele foarte alungite.

241

De ce cameleonul îşi schimbă culoarea?

➽ Cameleonul îşi poate schimba culoarea în funcţie de locul în care se află.

Este o modalitate bună de a se camufla! Când e furios, se face roşu închis.

240

De ce femela cangur îşi ţine puiul pe burtă?

➽ Puii de cangur sunt atât de mici la naştere, încât trebuie să mai crească timp de şase luni în buzunarul pe care mama lor îl are pe burtă. Şi dacă locul nu este ocupat de un alt pui, micul cangur revine acolo la primul semnal de alarmă.

242

Există balauri sau dragoni?

Numai în poveşti. Totuşi, anumite reptile mari ca iguanele sau varanii seamănă cu nişte mici dragoni, chiar dacă nu scot flăcări pe nări!

243

Cum reuşeşte dromaderul să trăiască în deşert?

Dromaderul poate să reziste 15 zile fără să bea apă sau să mănânce! Suportă foarte bine căldura, poate să-şi închidă nările în caz de furtună de nisip, corpul său poate reţine o mare cantitate de apă, cocoaşa lui conţine o rezervă de grăsime şi poate să meargă mult prin nisip fără să se afunde.

Adevărat!
Ornitorincul este cel mai neobişnuit dintre animale. Este mamifer, dar depune ouă. Are cioc şi labe palmate, ca de raţă. Iar coada lui seamănă cu cea a castorului!

Delfinii

244

De ce spunem că delfinii sunt inteligenţi?

➽ În primul rând pentru că îi putem învăţa foarte multe lucruri! Sunt şi animale sociale: înoată în grup, se joacă şi comunică, scoţând diverse sunete. Sunt chiar capabili să se ajute unii pe alţii dacă vreunul este bolnav sau rănit.

245

Oare chiar putem să ne jucăm cu delfinii?

➽ Delfinilor le place să se joace şi sunt inofensivi: nu fac rău oamenilor. Pot chiar să fie dresaţi destul de uşor. În apă, li se întâmplă adesea să se ţină după un vapor, să se joace de-a v-aţi ascunselea pe sub carena acestuia şi să se zbenguie în urma lui.

Adevărat!
Balenele orca sunt negru cu alb. Aparţin aceleiaşi familii ca şi delfinii, dar sunt mai mari şi mai vorace. Atacă focile, pinguinii şi uneori chiar şi alte balene!

246

De ce sar delfinii din apă?

➽ De cele mai multe ori o fac în joacă! Delfinii sunt mamifere marine, aşadar nu pot respira în apă, asemenea peştilor. Ies la suprafaţă să respire, iar uneori să facă salturi de 4 metri în înălţime!

Balenele

Care este cea mai mare balenă?

247

➽ Cel mai mare mamifer din lume este balena albastră! La maturitate, poate să ajungă până la 30 de metri în lungime! Totuşi, nu se hrăneşte decât cu animale minuscule. Dacă nu este vânată, poate trăi peste 50 de ani.

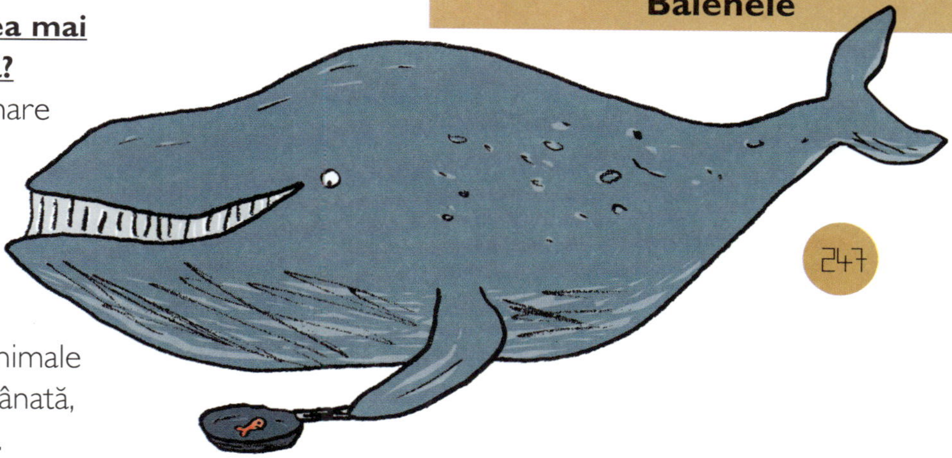

De ce scot balenele mari jeturi de apă?

248

➽ Balenele se pot scufunda în adânc timp de jumătate de oră, blocându-şi respiraţia, dar sunt obligate să iasă la suprafaţă ca să respire. Acel jet impresionant este un amestec de aer şi apă pe care îl aruncă atunci când revin la suprafaţă.

Este adevărat că balenele cântă?

249

➽ Nu cântă cântece, dar emit o serie de sunete foarte variate. Credem că astfel comunică între ele, dar şi că le ajută să se orienteze, să repereze obstacolele de pe fundul mării şi să-şi găsească hrana.

! Adevărat!
Balenele nu au dinţi în gura lor enormă, ci fanoane care seamănă cu un pieptăn şi care reţin hrana. Caşaloţii sunt cei care au dinţi, iar meniul lor e alcătuit, în principal, din calamari.

Peştii

250 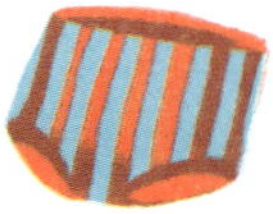

Un peşte de râu poate să trăiască în mare?

➽ Nu, ar muri. Peştii nu pot să treacă dintr-o apă dulce într-o apă sărată, cu excepţia anghilelor, a somonilor şi a sturionilor. Aceştia trec din fluviu în mare şi invers pentru a-şi depune icrele.

251 

Toţi peştii au înotătoare?

➽ Da, dar nu sunt toate la fel. Cele ale pisicii-de-mare seamănă cu nişte aripi. Anghila are una lungă pe spate, pentru a se ondula ca un şarpe. Iar peştele zburător îşi desface înotătoarele pentru a zbura ca o pasăre deasupra apei!

252 

Peştii au auz?

➽ Da, deşi nu au urechi! Peştii au un fel de ureche internă cu ajutorul căreia captează sunetele şi vibraţiile, dar mai au şi o linie sensibilă de-o parte şi de alta a corpului lor. În acest fel se pot ţine la distanţă de vapoarele cu motor sau de pescarii nu foarte discreţi...

Ce pești înoată cel mai repede? 253

➽ Anumiţi peşti, ca tonul şi peştele-spadă, pot să înoate mult. Dar cel mai rapid este peştele cu velă, un peşte lung de 3 metri care are o înotătoare în formă de velă şi face salturi din apă cu o viteză de 100 km/h!

254

Cum reuşesc peştii să respire sub apă?

➽ Peştii au nevoie de oxigen ca să trăiască. Din fericire, în apă există oxigen. Peştii nu au plămâni cu care să respire, ci branhii la nivelul crestăturilor situate de-o parte şi de alta a corpului lor, cu ajutorul cărora pot filtra oxigenul din apa pe care o înghit.

Adevărat!
Piranha este un peşte extrem de feroce. Este foarte mic, dar are dinţi foarte ascuţiţi şi atacă întotdeauna în grup: în câteva minute, un banc de piranha poate să devoreze cu totul un animal... sau un om!

Pe fundul mării

255

Este adevărat că şi coralii sunt animale?

➽ Da, deşi seamănă cu nişte frumoase crenguţe roşii sau albe, coralii nu sunt plante. Sunt carapacea unor animale foarte ciudate care trăiesc în mările calde. Aceste animale sunt alcătuite din nişte tuburi minuscule, polipii, prevăzute cu tentacule cu care îşi prind prada.

256

Bureţii chiar cresc sub apă?

➽ Bureţii sunt nişte animale foarte speciale. Aceştia rămân toată viaţa lor pe fundul mărilor calde, strâns lipiţi de o stâncă. Pentru a se hrăni, absorb prin găurelele pe care le au resturi minuscule de animale sau algele care plutesc în jur.

257

Căluţul-de-mare este un peşte?

➽ Da! Dar este un mic peşte simpatic, care se deplasează şi se odihneşte exclusiv în picioare.

Alt detaliu aparte: masculul, şi nu femela, este cel care poartă puii într-un mic pliu de pe abdomen!

Ce mănâncă stelele-de-mare?

258

Stelele-de-mare adoră creveţii şi scoicile. Când o stea-de-mare găseşte o scoică, se aşează peste ea, îi întredeschide cochilia trăgând de ea cu toată puterea braţelor sale... şi apoi îşi strecoară stomacul în scoică şi o devorează.

La ce ajută ventuzele caracatiţelor?

259

Graţie ventuzelor, caracatiţele se pot târî pe fundul mării, prinzându-se de stânci şi ţinându-şi bine prada, ca să nu le scape. Fără aceste ventuze, cele opt tentacule ale lor ar fi mult prea alunecoase.

Adevărat!
În adâncurile mării, acolo unde este întuneric beznă, anumiţi peşti şi alte animale au solzi sau organe luminoase care îi ajută să se recunoască între ei şi să strălucească asemenea licuricilor!

Rechinii

260 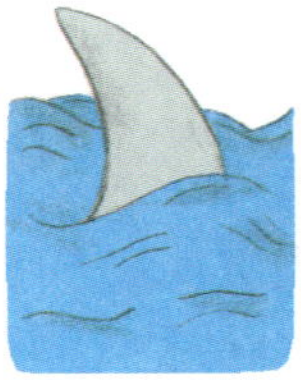

Toţi rechinii sunt periculoşi?

➽ Există peste 350 de specii de rechini. Câteva dintre specii sunt feroce, dar cea mai mare parte sunt inofensive. Rechinul-lanternă, care este cel mai mic, are numai 20 de centimetri. Rechinul-balenă, cel mai mare peşte din lume, are 15 metri. Totuşi, nu este periculos. Cei mai redutabili sunt rechinul mare alb, rechinul-tigru, care mănâncă tot ce îi iese în cale (chiar şi cutii vechi de conserve!), rechinul albastru, rechinul-ciocan...

261 

Rechinul are duşmani?

➽ Nu prea, cu excepţia delfinilor care îi atacă uneori şi a oamenilor care îi vânează sau îi pescuiesc.

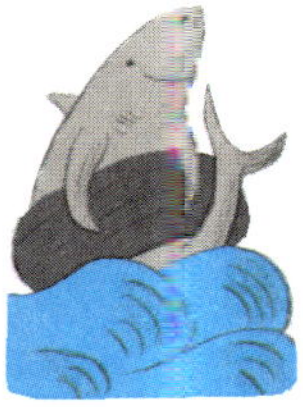

Este adevărat că, dacă un rechin nu înoată, se duce la fund?

262

➽ Da, fiindcă rechinii şi pisicile-de-mare nu au acel organ care le permite tuturor celorlalţi peşti să rămână nemişcaţi fără să înoate. Aşadar, rechinii sunt obligaţi să se mişte continuu, dacă nu, se duc la fund!

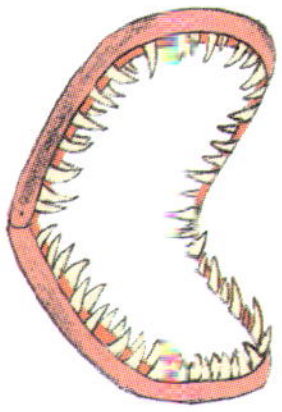

Toţi rechinii au dinţi mari?

263

➽ Numai rechinii prădători, care au nevoie să-şi sfâşie prada sau să o muşte, au dinţi mari şi ascuţiţi, care taie ca briciul. Anumiţi rechini, ca marele alb, de exemplu, au câteva sute de dinţi, dispuşi pe mai multe rânduri.

Adevărat!
Pe parcursul întregii vieţi, când un rechin îşi rupe un dinte, muşcând dintr-o pradă foarte tare, îi creşte în scurt timp un altul în loc!

Păsările

264 

Toate păsările au pene?

➽ Da. Penele sunt una dintre caracteristicile păsărilor, alături de ciocul fără dinţi şi de ouă. Penele prezintă mai multe avantaje: desfăcute, fac considerabil să crească suprafaţa aripilor, sunt foarte uşoare, orientabile şi impermeabile.

265 

Toate păsările ştiu să zboare?

➽ Nu, nu toate. Struţul şi pasărea emu, de exemplu, nu pot zbura, dar sunt campioane la alergare. Nici pinguinul nu zboară, dar înoată ca un peşte. Găina se ridică de la sol numai câţiva centimetri!

266 

Toate păsările îşi fac cuib?

➽ Toate păsările au nevoie de un loc unde să îşi ţină ouăle, dar nu toate îşi fac cuib.

Anumite păsări marine sapă gropi în nisip. Cât despre cuc, nu se sfieşte să-şi lase ouăle în cuibul altei păsări!

267

De ce unele păsări dau din aripi, iar altele, nu?

➽ Majoritatea păsărilor sunt obligate să dea în permanenţă din aripi ca să rămână în aer şi să zboare. Cele care zboară foarte sus, cum sunt păsările de pradă, practică şi planarea: profită de curenţii invizibili de aer care le poartă graţie aripilor desfăcute.

268

Ce sunt păsările migratoare?

➽ Sunt păsările care, ca să nu moară de foame, pleacă în ţările calde odată cu venirea iernii. Primăvara se întorc înapoi să facă pui.

Adevărat!
Ca să nu moară de oboseală în timpul lungii lor călătorii, păsările migratoare mănâncă mari cantităţi de hrană şi se îngraşă mult înainte de a pleca: aceste rezerve de grăsime le permit să nu mănânce în timpul zborului!

Păsările neobişnuite

269

Care este cea mai mică pasăre din lume?

➽ Este pasărea colibri, căreia i se mai spune şi pasărea-muscă. Se hrăneşte cu nectarul florilor şi face ouă mici cât bobul de mazăre! Bate din aripi cu mare viteză şi poate să rămână pe loc sau să zboare cu o viteză de peste 50 km/h...

270

Papagalii chiar vorbesc?

➽ Spunem tot timpul că papagalii vorbesc. De fapt, sunt capabili să imite pur şi simplu câteva cuvinte sau câteva fraze. Papagalul gri african, un papagal mare cu coada roşie, este unul dintre cei mai înzestraţi în acest sens: poate să imite chiar şi mârâitul unui câine!

271

De ce anumite păsări au nişte ciocuri enorme?

➽ Mare, curbat sau ascuţit, fiecare cioc are rolul lui. Tucanul se foloseşte de ciocul său ca să culeagă fructe. Papagalul îl foloseşte pe post de picior suplimentar cu care se agaţă de crengi. Ciocul pelicanului, cu buzunarul său elastic, are rol de cămară.

Există păsări care pot să traverseze marea?

272

➽ Nu toate păsările sunt capabile de astfel de performanţe, dar albatrosul, care este cea mai mare pasăre marină, poate. Datorită aripilor sale imense, survolează oceanele, zburând mii de kilometri şi petrecând mai multe luni pe mare, fără să pună piciorul pe uscat! Dar se aşează din când în când pe suprafaţa apei.

Păsările flamingo chiar sunt rozalii?

273

➽ Păsările flamingo trăiesc în colonii pe malul râurilor. Unele au o culoare roz foarte deschis, altele roz închis, iar altele sunt aproape roşii! Totul depinde de cât colorant roz se găseşte în acele mici animale asemănătoare creveţilor cu care se hrănesc aceste păsări.

Adevărat!
Struţul, cea mai mare pasăre din lume, face ouă mari cât 25 de ouă de găină. Coaja este atât de tare, încât îi poate lua puiului de struţ chiar şi 2 zile ca să o spargă şi să iasă din ou!

De ce iarna nu este la fel de cald ca vara?

De ce spunem că planeta se încălzește?

De ce sunt periculoase furtunile?

Și cerul de ce este albastru?

De ce lui Marte i se spune planeta roșie?

De ce prognoza meteo este uneori înșelătoare?

De ce sclipesc stelele?

Pământul în Univers

Întrebările 274–310

274 

Ce este Big Bangul?

➽ Acum 15 miliarde de ani, Universul, aşa cum îl cunoaştem, nu exista. Credem că a avut loc atunci o imensă explozie care a fost la originea formării stelelor şi a planetelor. Oamenii de ştiinţă numesc acest moment Big Bang.

275 

Ce este o planetă?

➽ O planetă este un corp ceresc care se învârte în jurul unei stele. Pământul este o planetă, iar steaua în jurul căreia se învârte este Soarele! Alături de planeta noastră, în jurul Soarelui se mai învârt alte opt planete, formând sistemul solar.

Planetele sunt toate la fel?

➽ Nicidecum! Mercur, Venus şi Marte au dimensiuni asemănătoare Pământului, iar solul lor este, la fel ca pe Pământ, format din rocă. Celelalte planete sunt mari sfere gazoase. Saturn este înconjurat de nişte inele strălucitoare, iar Jupiter este planeta cea mai mare: diametrul său este de 11 ori mai mare decât al Pământului!

276

Mai sunt şi alte planete locuite?

➽ Marţienii, E.T. şi monştrii din spaţiu nu există decât în poveşti şi în filme! Totuşi, în Univers sunt atâtea planete, încât nu este imposibil ca pe unele dintre ele să existe fiinţe vii.

277

De ce lui Marte i se spune „planeta roşie“?

➽ Când o observăm cu ajutorul unui telescop puternic, planeta Marte are o frumoasă culoare ruginie care se datorează compoziţiei solului său, în care se găseşte mult fier.

278

Adevărat!
Pământul se deplasează cu viteză, dar nu ne dăm seama de asta. Planeta noastră se învârte în jurul Soarelui cu 108 000 km/h, adică parcurge aproape 30 de kilometri într-o secundă!

Ziua şi soarele

279

Soarele este mare?

➽ Soarele este enorm! Şi de aceea îl vedem atât de bine, deşi se află la 150 de milioane de kilometri de noi. Este de 300 000 de ori mai greu decât Pământul. Dar pe cer există şi stele mult mai mari decât Soarele!

280

De ce străluceşte Soarele?

➽ Asemenea altor stele, Soarele este o sferă de gaze foarte fierbinţi. Suprafaţa sa seamănă cu un incendiu de proporţii gigantice care degajă o temperatură de circa 6 000 de grade! Acest cuptor incandescent trimite pe Pământ o lumină galbenă şi strălucitoare pe care nu trebuie să o privim direct.

281

Şi cerul de ce este albastru?

➽ De fapt, lumina Soarelui este alcătuită din şapte culori, culorile curcubeului.

Dar când lumina Soarelui traversează atmosfera care înconjoară Pământul, întâlneşte prin aer mici molecule care reflectă preponderent culoarea albastră.

282

De ce soarele răsare într-o parte şi apune în partea cealaltă?

Contrar aparenţelor, Soarele nu se mişcă de la locul său toată ziua! Pământul, care se învârte în jurul axei sale, ca un titirez, face ca soarele să apară în fiecare dimineaţă într-o parte şi să dispară în fiecare seară în partea cealaltă!

283

Va veni o zi în care Soarele nu va mai străluci?

Fără Soare, nu am avea viaţă pe pământ plantele, animalele şi oamenii nu ar putea exista. Din fericire, astronomii estimează că Soarele ar trebui să mai strălucească încă cinci miliarde de ani. Abia după aceea se va stinge lent...

Adevărat!
Soarele este de 400 de ori mai mare decât Luna. Dar cum se găseşte de 400 de ori mai departe, avem impresia că au aproape aceeaşi dimensiune.

PLANETA NOASTRĂ

Noaptea, stelele şi Luna

284 **Unde dispar stelele în timpul zilei?**

➽ Nu le mai vedem, dar ele sunt în continuare acolo şi sunt la fel de numeroase! Lumina foarte puternică a Soarelui ne împiedică pur şi simplu să le vedem. Seara, când lumina Soarelui începe să pălească, le vedem din nou.

285 **Ce este o stea căzătoare?**

➽ De fapt, nu este o stea. Este o mică bucată de rocă, venită din spaţiu, care se aprinde şi se dezagregă, apropiindu-se cu mare viteză de Pământ.

286 **De ce sclipesc stelele?**

➽ În realitate, nu sclipesc, este doar o impresie. Ca să ajungă până la noi, lumina unei stele trebuie să traverseze stratul de aer care înconjoară planeta noastră. Traiectoria ei poate fi perturbată de tot felul de fenomene, care provoacă acele mici sclipiri.

De ce Luna are forme diferite?

287

➽ Luna nu are forme diferite: este întotdeauna rotundă. Dar de pe Pământ ea nu se vede decât atunci când este luminată de Soare. Deoarece şi Luna, ca şi Pământul, se învârte în jurul Soarelui, nu este luminată tot timpul în acelaşi fel: când o parte, când întreagă în serile cu lună plină. Uneori, când Soarele nu luminează partea ei vizibilă de pe Pământ, nu o vedem deloc.

De ce e întuneric noaptea?

➽ Pentru că Soarele nu mai este acolo să ne lumineze, iar celelalte stele sunt prea departe ca să avem suficientă lumină de la ele. Nopţile cu lună plină sunt mai puţin întunecate: luminată în totalitate de Soare, Luna emană pe cer o lumină strălucitoare.

288

! Adevărat!
De pe Pământ vedem mereu aceeaşi parte a Lunii, cu petele mai întunecate care sunt nişte cratere uriaşe. Numai astronauţii au văzut cum arată Luna pe partea cealaltă!

Vremea

289 De ce prognoza meteo este uneori înşelătoare?

➸ În general, prognoza meteo este foarte precisă de la o zi la alta, dar previziunile pe termen mai lung sunt mai dificile. Şi-apoi, vremea este uneori foarte capricioasă. Cerul are ultimul cuvânt şi ne joacă feste pe care analizele ştiinţifice nu le pot prevedea. Uneori sunt surprize plăcute, alteori suntem un pic dezamăgiţi.

290 De ce vremea nu este peste tot la fel?

➸ Acest lucru depinde de mai mulţi factori, cum ar fi poziţia unei regiuni de pe Pământ în raport cu Soarele, relieful acesteia, distanţa până la mare, dacă există sau nu păduri... Din aceste motive, temperatura, vântul şi lumina soarelui sunt diferite în nordul şi în sudul unei ţări!

291

De ce vremea nu este la fel în fiecare zi?

➽ Când descriem cum este afară, descriem cum este aerul la un moment dat, într-un anumit loc. Dar pentru că aerul se deplasează şi pune în mişcare norii, vremea se poate schimba rapid!

292

Cine face prognoza meteo?

➽ Meteorologii sunt oamenii de ştiinţă care au ca meserie prognozarea vremii. Ei se folosesc de instrumente de măsură, ţin legătura cu staţiile meteorologice din întreaga lume şi cu vapoarele; tot ei primesc informaţii şi fotografii din satelit.

Adevărat!
Altădată, la ţară, observam natura ca să ştim cum va fi vremea. Se zicea că dacă rândunelele zboară aproape de pământ va ploua, dacă păianjenii îşi ţes pânza va fi frumos, dacă un cal scurmă pământul cu copitele se apropie o furtună...

Anotimpurile

293

De ce avem anotimpuri?

➽ Pământul are nevoie de un an pentru o rotaţie completă în jurul Soarelui. Dar pentru că Pământul este uşor înclinat într-o parte, razele Soarelui ajung pe pământ mai mult sau mai puţin pieziş în diverse zone şi în anumite momente ale anului, şi-atunci vremea e mai frumoasă sau mai urâtă..

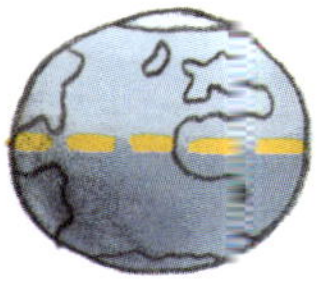

Anotimpurile sunt peste tot la fel?

➽ Nu. La poli e frig tot timpul, iar la ecuator e cald tot timpul! Iar de-o parte şi de cealaltă a ecuatorului, această linie imaginară care împarte Pământul în două jumătăţi, anotimpurile sunt inversate: când e iarnă în Europa, e vară în Australia.

294

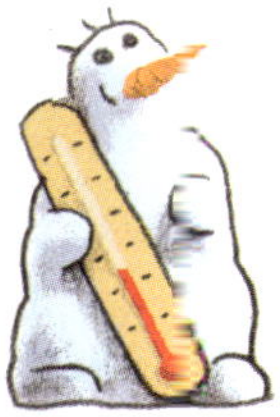

De ce iarna nu este la fel de cald ca vara?

➽ În primul rând, pentru că zilele sunt mai scurte, aşadar razele soarelui nu au timp să încălzească bine Pământul. Apoi, pentru că iarna poziţia planetei noastre în raport cu Soarele face ca razele acestuia să cadă şi mai pieziş decât vara, fiind astfel mai puţin eficiente!

295

Adevărat!
De fapt, temperatura nu este aceeaşi peste tot: în Africa, în deşertul Libiei, pot fi +50° C. În Antarctica, aproape de Polul Sud, locul cel mai rece de pe planetă, temperatura poate să scadă până la -80° C!

Când e urât afară...

296

De ce sunt periculoase furtunile?

➽ Când e furtună, nu tunetul este periculos, chiar dacă sunetul său ne sperie uneori. Periculoase sunt fulgerele, pentru că au o încărcătură foarte mare de electricitate!

297

De ce nu trebuie să ne adăpostim sub un copac dacă e furtună?

➽ În timpul unei furtuni, electricitatea norilor este atrasă de cea a pământului. Ca să se descarce mai uşor, ea va căuta să treacă prin ceva ce se înalţă cel mai mult de la pământ. Iar în natură, copacii servesc perfect acestui scop!

298

De ce mai întâi vedem fulgerul şi abia apoi auzim tunetul?

➽ Fulgerul şi tunetul au loc exact în acelaşi timp. Dar vedem mai întâi fulgerul, deoarece lumina se deplasează prin aer mai rapid decât sunetul.

Cu cât o furtună este mai aproape de noi, cu atât deplasarea lor este mai scurtă, iar fulgerul şi tunetul sunt mai apropiate.

De ce se stârnește uneori o furtună? 299

➽ În mod normal, aerul cald și aerul rece se deplasează în jurul Pământului sub formă de vânt, pe care uneori nici măcar nu-l simțim. Dar când aerul cald și cel rece se întâlnesc brusc, se produc vârtejuri de vânt și se stârnește o furtună!

Care sunt cele mai mari furtuni? 300

➽ Un taifun, numit și ciclon sau uragan, este o furtună enormă cu ploaie și cu rafale de vânt de peste 300 km/h! O tornadă este un gigantic vârtej de vânt care distruge totul în calea sa. Un tsunami este un val uriaș care se sparge de țărm...

Adevărat!
De uraganul Mitch ne vom aminti mult timp de-acum încolo: a fost atât de violent, încât a distrus într-o săptămână peste 90 000 de locuințe!

Ce catastrofe!

301

De ce apar cutremurele?

➽ De fiecare dată când scoarţa pământului se crapă sau se ridică are loc un cutremur, numit şi seism. În oraşele şi satele aflate deasupra acelei crăpături sau ridicături a scoarţei se produc pagubele cele mai importante.

302

Un tsunami este o maree foarte mare?

➽ Nu. Un tsunami este un val uriaş care se abate violent asupra ţărmului, provocând o mare inundaţie. Acest val ia naştere în larg, din cauza unui cutremur sau a erupţiei unui vulcan subacvatic.

303

Ce este mai periculos: un ciclon sau un uragan?

➽ Aceste două denumiri desemnează unul şi acelaşi lucru: nişte furtuni foarte periculoase, cu vânt violent, vârtejuri şi ploi puternice. Cele mai multe se formează deasupra oceanului, în zona tropicelor, dar, în funcţie de locul în care apar, poartă denumiri diferite: ciclon, uragan, taifun.

De ce se produc inundaţii?

304

➽ Când plouă mult într-o anumită perioadă de timp, un curs de apă se umflă – uneori foarte mult – şi ajunge să iasă din albie şi să se reverse. Atunci torenţii de apă cu noroi fac ravagii pe maluri.

Care este diferenţa între o tornadă şi un ciclon?

305

➽ Tornada este mai mică decât ciclonul şi apare întotdeauna la suprafaţa pământului, în timp ce ciclonul se formează pe mare. Ambele sunt coloane de vânt care se deplasează în vârtejuri, luând totul pe sus în calea lor.

Adevărat!
Le dăm nume cicloanelor pentru a le identifica. Primul din anotimp va purta un nume care începe cu litera A, următorul cu B şi aşa mai departe, alternându-se între nume de fete şi nume de băieţi.

Să protejăm planeta!

306

De ce spunem că planeta se încălzeşte?

➽ De câţiva ani, oamenii de ştiinţă au observat că aerul devine mai cald. Credem că este de vină poluarea cauzată de fabrici şi de maşini. Această încălzire provoacă mari probleme climatice: au loc tot mai multe furtuni şi inundaţii.

307

De ce este în pericol ursul panda?

➽ Ursul panda face parte dintre animalele care sunt pe cale de dispariţie. Acest urs mare, originar din China, se hrăneşte exclusiv cu bambus şi este ameninţat pentru că oamenii taie pădurile de bambus. Printre animalele pe cale de dispariţie mai sunt şi balena, rinocerul şi tigrul, care sunt vânate de om.

308

Ce este stratul de ozon?

➽ Stratul de ozon este un strat gazos şi invizibil care înconjoară Pământul, fiind situat la o distanţă de circa 25 de kilometri deasupra capului nostru.

Acest strat de ozon ne protejează de cele mai periculoase raze ale soarelui şi de aceea nu trebuie să dispară.

Cum putem împiedica mareea neagră?

309

➽ Din când în când, vasele care transportă petrol au scurgeri accidentale şi provoacă maree negre: petrolul se împrăştie în apă. Aceste vase sunt adesea vechi şi deteriorate: ar trebui să le fie interzisă navigaţia.

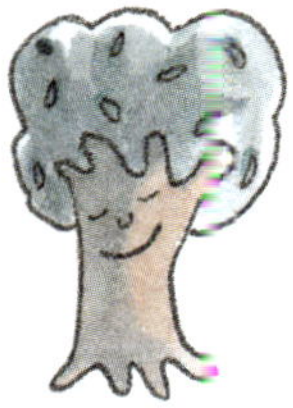

De ce trebuie să respectăm natura?

310

➽ Fiinţele umane, animalele şi plantele trăiesc pe Pământ. Adesea, când oamenii poluează natura, ajung după aceea să aibă probleme. Este ceea ce s-a întâmplat pretutindeni în lume, unde marile crescătorii de porci au poluat apele. Iar acum există locuri în care nu mai putem bea apă de la robinet.

Adevărat!
În fiecare minut dispare de pe planetă o suprafaţă de pădure mare cât zece terenuri de fotbal. La nevoile oamenilor, care distrug pădurile pentru a construi drumuri sau terenuri agricole, se adaugă incendiile şi furtunile!

De ce nu trebuie să lăsăm să curgă apa la robinet?

De ce oamenii mari trebuie să muncească?

De ce frații mai mari trebuie să aibă grijă de cei mici?

De ce nu putem face tot timpul doar ce ne dorim?

De ce este mai bine să luăm autobuzul decât mașina personală?

De ce este mereu câte un război pe undeva?

De ce nu ne putem căsători cu unul dintre părinții noștri?

Și eu?

Întrebările 311–337

Familia

311

Toţi oamenii au familie?

La început, toţi oamenii au măcar o mamă şi un tată. De multe ori, au şi bunici, fraţi şi surori, unchi şi mătuşi. Dar se întâmplă, din cauza unui război, a unei boli sau a unui accident, ca unii oameni să rămână fără familie.

312

De ce există copii adoptaţi?

Uneori, părinţii nu se pot ocupa de copiii lor. Aceşti copii sunt primiţi apoi într-o altă familie: sunt adoptaţi. Pot fi copii născuţi în ţară sau veniţi din alte ţări.

313

De ce fraţii mai mari trebuie să aibă grijă de cei mici?

Uneori spunem că fraţii mai mari trebuie să aibă grijă de frăţiorul sau surioara mai mici. Pentru că sunt mai mari, ştiu mai bine decât cei mici ce au voie şi ce nu.

De ce nu ne putem căsători cu unul dintre părinţii noştri?

314

➽ Este una dintre regulile importante de viaţă ale oamenilor din întreaga lume. O fată nu se poate căsători cu tatăl său, iar un băiat nu se poate căsători cu mama lui! Probabil că ştii povestea prinţesei Piele-de-măgar care a trebuit să fugă de acasă ca să nu se mărite cu tatăl său.

Când părinţii divorţează este pentru totdeauna?

315

➽ Când un bărbat şi o femeie decid să se despartă înseamnă că s-au gândit foarte bine la asta. Deşi copiii speră ca părinţii vor să se iubească din nou, acest lucru nu este posibil! Dar de multe ori fiecare dintre părinţi întâlneşte pe altcineva.

Adevărat!
Nicio familie nu seamănă cu alta. Sunt familii numeroase, cu mulţi copii – fraţi şi surori – familii cu un singur copil, părinţi care sunt căsătoriţi sau nu, părinţi despărţiţi, părinţi care îşi cresc singuri copiii.

Viaţa alături de ceilalţi

316

Când ne facem prieteni este pentru totdeauna?

E minunat să ai prieteni! Poţi să te joci cu ei, să stai de vorbă, să visezi şi să te gândeşti că aşa va fi mereu. Unele prietenii durează toată viaţa, dar, adesea, maturizându-se, oamenii nu se mai înţeleg ca înainte. Şi vine momentul să îşi facă noi prieteni!

317

De ce nu trebuie să stăm de vorbă cu necunoscuţi?

Sunt şi oameni care vor să le facă rău copiilor. Deoarece copiii nu sunt la fel de puternici ca adulţii, nu se pot apăra. Şi de aceea nu trebuie să plece împreună cu oameni pe care nu îi cunosc.

318

De ce trebuie să spunem tot timpul „bună ziua“ şi „mulţumesc“?

„Bună ziua” şi „mulţumesc” sunt cuvinte de politeţe. E plăcut să le auzim şi ne fac să ne simţim bine.

Când spui „mulţumesc” îţi arăţi bucuria faţă de ceea ce ai primit.

De ce băieţii sunt mai neastâmpăraţi decât fetele?

319

➽ Bună întrebare! Băieţii sunt mai înclinaţi să se încaiere, dar sunt şi încurajaţi să o facă. Ei primesc aprecieri pentru forţa lor, primesc cadou pistoale şi săbii, în timp ce fetele primesc mai degrabă păpuşi.

De ce nu putem face tot timpul doar ce ne dorim?

320

➽ Locuieşti împreună cu familia ta şi mergi la şcoală alături de alţi copii. Pentru ca totul să fie bine există reguli. De exemplu, este interzis să furi. Dacă ai trăi singur pe o insulă pustie, ai putea să faci ce vrei, dar te-ai plictisi foarte repede!

Adevărat!
Regulile după care este organizată viaţa noastră se numesc legi. Acestea sunt hotărâte de bărbaţi şi femei pe care îi alegem prin vot. Aceşti oameni se întâlnesc ca să discute problemele societăţii, încercând să găsească soluţii.

La şcoală

321 **Toţi copiii merg la şcoală?**

➽ În ţara noastră, toţi copiii cu vârste între 5 şi 18 ani trebuie şcolarizaţi. Asta înseamnă că trebuie să meargă la şcoală sau să facă şcoală la domiciliu. În multe ţări, numai copiii oamenilor bogaţi pot merge la şcoală. Copiii familiilor sărace sunt forţaţi să muncească şi multe fetiţe nu învaţă niciodată să scrie şi să citească.

322 **Toţi copiii sunt inteligenţi?**

➽ La şcoală, anumiţi elevi iau adesea note bune, iar alţii iau mai degrabă note proaste. Dar asta nu înseamnă că unii sunt inteligenţi, iar alţii, nu! Chiar dacă nu suntem buni la matematică, putem să ştim şi să ne pricepem la multe alte lucruri.

La ce bun să știm să citim și să scriem?

➽ În viața de toate zilele este foarte greu să ne descurcăm fără a ști să citim și să scriem. Pe stradă, la supermarket, la serviciu... peste tot e necesar să citim. Iar dacă îți plac poveștile, e atât de plăcut să te cufunzi în lectura unei cărți!

323

Cum ajung învățătorii și învățătoarele să știe atât de multe lucruri?

➽ Învățătorii și învățătoarele au făcut școli și au studiat multe lucruri. Dar, zi de zi, înainte să predea la clasă, ei pregătesc lecțiile. Și continuă să învețe lucruri noi din cărți!

324

Adevărat!
Louis Braille este cel care a inventat scrierea în relief descifrabilă cu degetele. Acest alfabet, care le permite celor cu dizabilități de vedere să citească, poartă numele inventatorului său: braille.

La serviciu

325

De ce oamenii mari trebuie să muncească?

➽ Când mergem la serviciu, câştigăm bani. Cu ei putem să ne cumpărăm casă, de mâncare, precum şi lucruri care ne fac plăcere... Iar dacă avem şansa de a practica o meserie care ne place, nu mai muncim doar pentru a câştiga bani.

326

Ce înseamnă „a fi în şomaj"?

➽ Când o persoană a fost obligată să-şi părăsească locul de muncă fără să fie decizia ei spunem că este în şomaj. Este un moment dificil în viaţa oricui! Persoana respectivă îşi caută un alt loc de muncă, dar de multe ori durează până îşi găseşte unul nou.

327

De ce sunt şi părinţi care nu muncesc?

➽ După naşterea unui copil, unul dintre părinţi încetează să mai muncească pentru a se ocupa de bebeluş. Adesea, acest lucru e făcut de mamă. Când copiii se fac mari, ea revine sau nu la serviciu.

Sunt şi persoane care nu muncesc, dar fără ca acest lucru să fie alegerea lor.

328

Ce trebuie să facem ca să învăţăm o meserie?

➽ Sunt mai multe feluri de a învăţa o meserie. Sunt şcoli care îi pregătesc pe elevi să devină bucătari, frizeri sau jurnalişti. Dar în cazul multor meserii învăţăm mai ales apucându-ne să muncim.

329

Sunt şi oameni care muncesc noaptea?

➽ De cele mai multe ori oamenii muncesc ziua, dar există şi meserii de noapte. Ca să facă pâine, brutarul munceşte noaptea. Există şi meserii practicate zi şi noapte: în spitale, de exemplu, sunt tot timpul prezenţi medici şi asistente medicale, chiar şi noaptea.

Adevărat!
În ţări din Asia şi din Africa, mulţi copii din familiile sărace sunt obligaţi să muncească pentru a-şi ajuta părinţii. Adesea, această muncă le pune în pericol sănătatea şi dezvoltarea.

Nu e drept!

330

De ce este mereu câte un război pe undeva?

➽ Oamenii se războiesc de când se ştiu. Adesea, acest lucru se întâmplă pentru a cuceri noi teritorii şi pentru a-şi mări averea. Alteori, se întâmplă pentru că nu sunt de acord cu religia ţării vecine. Dar niciun motiv nu este suficient de bun pentru a porni un război, căci acesta aduce întotdeauna nefericire.

331

De ce în Africa se moare de foame?

➽ În anumiţi ani, seceta duce la distrugerea recoltelor. În alţi ani, când plouă, recoltele sunt bogate şi se pot face rezerve de hrană, dar nu există reglementări pentru buna lor depozitare. În plus, acolo sunt mai mereu războaie care distrug terenurile agricole. În timpul perioadelor de mare foamete, mulţi copii mor de foame.

332

De ce în ţările bogate sunt şi oameni care dorm pe stradă?

➽ Chiar şi în ţările bogate există oameni foarte săraci. Când o persoană nu are serviciu, de multe ori îi este greu să-şi plătească datoriile la casă. Dacă nu o poate găzdui nimeni altcineva, este forţată să trăiască pe străzi.

333

De ce nu este toată lumea fericită?

➽ Fericirea depinde de multe lucruri! Unii oameni cred că, pentru a fi fericit, trebuie să fii bogat. Este adevărat că, dacă ţi-e foame şi ţi-e frig, e greu să fii fericit. Dar sunt şi oameni care au bani şi care se simt nefericiţi pentru că sunt singuri sau se plictisesc.

Adevărat!
În 1948, multe ţări din lume au semnat Declaraţia Universală a Drepturilor Omului. Acest text deosebit afirmă că toţi oamenii din lume se nasc liberi şi egali.

334 

De ce nu trebuie să lăsăm să curgă apa la robinet?

➽ Apa este un bun de preţ! Ca să trăim, toţi avem nevoie să bem apă de mai multe ori pe zi. Dar, pe Pământ, rezervele de apă nu sunt inepuizabile. Este motivul pentru care apa nu trebuie risipită şi pentru care, spre exemplu, nu trebuie să lăsăm robinetul să curgă când ne spălăm pe dinţi.

335 

De ce trebuie să stingem lumina când ieşim dintr-o cameră?

➽ Un bec aprins consumă curent electric. Stingând lumina când ieşim dintr-o cameră, facem economii de energie electrică. Electricitatea costă bani şi, la fel ca multe alte activităţi umane, poluează.

336 

De ce este mai bine să luăm autobuzul decât maşina personală?

➽ Gazele de eşapament ale maşinilor poluează aerul. Dacă 20 de persoane iau autobuzul, avem numai un autobuz care poluează, nu 20 de maşini! De asemenea, când chiar trebuie să luăm maşina, este mai bine să mai transportăm şi alte persoane decât să fim singuri la volan.

De ce trebuie să triem ceea ce aruncăm la gunoi?

➽ Acest lucru ne permite să recuperăm hârtia, sticla şi plasticul. De exemplu, vechile obiecte de sticlă sunt topite şi se obţin altele noi, iar din 27 de sticle de plastic se poate face un hanorac polar! Asta înseamnă să reciclezi.

Adevărat!
Dacă aruncăm o hârtie pe jos şi nu o ridică nimeni, durează 3 luni până dispare. O coajă de banană se descompune în 5 luni, o gumă de mestecat, în 5 ani, iar o pungă de plastic, în mai bine de 100 de ani!

INDICE

N

O

P

R

S

Ș

T

Ț

U

V

Z

Mon Premier Larousse des Pourquoi?

Laure Cambournac și Françoise de Guibert

Editura Litera
tel.: 0374 82 66 35;
021 319 63 90; 031 425 16 19
e-mail: contact@litera.ro
www.litera.ro

Prima mea enciclopedie cu întrebări Larousse. De ce?
Laure Cambournac

Editor: Vidrașcu și fiii
Redactor: Delia Zahareanu
Copertă: Andreea Apostol
Prepress: Mihai Stoianov

Descrierea CIP a Bibliotecii Naționale a României
CAMBOURNAC, LAURE
Prima mea enciclopedie cu întrebări Larousse. De ce? / Laure Cambournac și
Françoise de Guibert ; trad. din lb. franceză de Ianina Marinescu. - București : Litera mică, 2022

ISBN 978-606-33-8688-6

I. Guibert, Françoise de
II. Marinescu, Ianina (trad.)

087.5